IMAGINACIÓN DESPIERTA

Conviértete En El Creador De Tu Propia Realidad

Colección Deluxe

Por
Neville Goddard
Imaginatio Divina Media

Publicado en 2024 por Imaginatio Divina Media.

Sitio web: www.imaginatiodivinamedia.com

IMAGINACIÓN DESPIERTA .

ISBN: 979-8-3304-7075-4

Contenido

RESUMEN
DE *IMAGINACIÓN DESPIERTA*:

En *Imaginación Despierta*, Neville Goddard presenta su tesis central de que **la imaginación es la clave para crear la realidad.** Afirma que la imaginación humana no es sólo una facultad mental, sino el poder divino que da forma a nuestras experiencias y manifiesta nuestros deseos en el mundo físico. Goddard enseña que, controlando y dirigiendo la imaginación, las personas pueden transformar sus vidas y alcanzar sus objetivos.

La idea de que **"Cristo" es una metáfora de la imaginación humana**, más que una figura histórica, es fundamental en la filosofía de Goddard. Anima a los lectores a reconocer que el poder de perdonar, crear y transformar reside en su propia capacidad imaginativa. Al imaginar un resultado deseado como ya real y vivir desde el final de ese deseo cumplido, uno puede llevar cualquier visión a la manifestación física.

El libro esboza cómo **las suposiciones, si se persiste en ellas, se endurecen hasta convertirse en hechos**, lo que significa que nuestros pensamientos y creencias habituales crean nuestra realidad. Goddard subraya que la mente no debe centrarse en las circunstancias externas, sino en la convicción interna de que los propios deseos ya se han cumplido.

A través de diversas metáforas, referencias bíblicas y anécdotas personales, Goddard ofrece una **guía para**

utilizar la imaginación de forma consciente, destacando el profundo efecto que tiene en la configuración del propio destino. La práctica clave que defiende consiste en vivir mental y emocionalmente como si el resultado deseado ya se hubiera producido, lo que a su vez hace que se manifieste en el mundo físico.

CONTEXTO MODERNO
DE *IMAGINACIÓN DESPIERTA*:

Las enseñanzas de Neville Goddard sobre el poder de la imaginación pueden relacionarse con varios conceptos contemporáneos, lo que las hace pertinentes para los lectores de hoy. En los tiempos modernos, **la neurociencia** ha aportado conocimientos sobre el funcionamiento del cerebro y **el poder del pensamiento positivo**, en consonancia con las ideas de Goddard sobre cómo nuestros pensamientos y creencias moldean nuestra realidad. Los estudios sobre neuroplasticidad demuestran que el cerebro puede reconfigurarse mediante prácticas mentales repetidas, similares al énfasis de Goddard en el uso persistente de la imaginación para manifestar los resultados deseados.

Además, los principios de Goddard pueden vincularse a la práctica de **la atención plena**, que fomenta la conciencia y el control de los pensamientos y las emociones. Al permanecer presentes y dirigir conscientemente la atención mental, los practicantes de la atención plena, como los seguidores de Goddard, aprenden a cambiar sus estados internos para alcanzar la paz y la plenitud.

Además, **la Ley de la Atracción**, popularizada en los recientes movimientos de autoayuda, refleja las ideas de Goddard sobre la imaginación y la asunción. Ambos conceptos enseñan que lo **semejante atrae a lo**

semejante, lo que significa que centrarse en los resultados positivos los atraerá a la propia vida. Esta interpretación moderna de antiguos principios metafísicos puede resonar con los lectores que buscan un enfoque práctico para el fortalecimiento personal y el crecimiento espiritual.

Al fundamentar las enseñanzas intemporales de Goddard en estas **prácticas científicas y espirituales modernas**, los lectores de hoy pueden encontrar una base sólida para aplicar sus conceptos a sus propias vidas, reforzando la noción de que **la mente es el arquitecto de la realidad**.

IMAGINACIÓN DESPIERTA

Por Neville Goddard
(1954)

Para Bill

"La Imaginación es el mundo real y eterno, del cual este Universo Vegetal no es más que una sombra leve. ¿Qué es la Vida del hombre sino el Arte y La Ciencia?"
WILLIAM BLAKE, "JERUSALÉN"

"La Imaginación es más importante que el conocimiento".
ALBERT EINSTEIN, SOBRE LA CIENCIA

CAPÍTULO UNO
¿QUIÉN ES TU IMAGINACIÓN?

**"No ceso de trabajar en mi gran tarea,
De Abrir los Mundos Eternos,
De Abrir los Ojos Inmortales del Hombre
A los Mundos del Pensamiento en su interior:
A la eternidad siempre expandiéndose en el seno
de Dios, La Imaginación Humana"**

BLAKE: "JERUSALÉN", 5:18-20

Ciertas Palabras en el transcurso de usarlas por largo tiempo, suman tantas extrañas connotaciones que casi cesan de tener sentido alguno. Palabras tales como Imaginación. Esta palabra está hecha para servir a tantos tipos de ideas, algunas opuestas directamente a otras. Fantaseo, pensamiento, alucinación, sospecha: ciertamente, tan amplio es su uso y tan variado su significado, la palabra imaginación no tiene estatus ni significado fijo.

Por ejemplo, le pedimos a un hombre que "use su imaginación", queriendo decir que su presente perspectiva está muy restringida y por lo tanto no puede realizar su tarea. Y en el próximo respiro, le decimos que sus ideas son "pura imaginación", por lo tanto implicando que sus ideas son delirantes. Nos referimos a una persona celosa o desconfiada como "víctima de su propia imaginación", queriendo decir que sus pensamientos son irreales. Minuto después, le rendimos gran atributo a un hombre describiéndolo como "un hombre de gran imaginación".

Por lo tanto, la palabra Imaginación no tiene significado definitivo. Aun el diccionario no nos ayuda. Define a la Imaginación como:

(1) El poder fotográfico o hecho de la mente, el principio constructivo o creativo.
(2) un fantasma.
(3) una noción o creencia irracional.
(4) planear, conspirar, o confabular involucrando construcción mental.

Yo identifico a la figura central de los Evangelios con la imaginación humana, el poder que hace el perdón de pecados y el logro de nuestras metas, inevitable.

Todas las cosas fueron hechas por Él, y sin Él nada de lo que ha sido fue hecho.

JUAN 1:3

Hay una sola cosa en el mundo, La Imaginación, y todas nuestras deformaciones de ella.

Los hombres lo despreciaban y lo rechazaban. Era un hombre lleno de dolor, acostumbrado al sufrimiento.

ISAÍAS 53:3

La imaginación es el propio portal de la realidad.

"El hombre" dijo Blake, "es, o el arco de Dios, o el fantasma de la tierra y del agua". "Naturalmente es solo un órgano natural sujeto a Sentidos". "El Cuerpo Eterno del Hombre es La Imaginación: eso es Dios mismo, el Cuerpo Divino. [yod, shin, ayin; de derecha a izquierda]: Jesús: somos Sus Miembros".

No conozco definición más grande y verdadera que la definición de Imaginación de Blake. Por la Imaginación tenemos el poder de ser cualquier cosa que deseamos ser.

A través de la imaginación, desarmamos y transformamos la violencia del mundo. Nuestras más íntimas así como también nuestras más casuales relaciones se convierten en imaginativas, a medida que despertamos del "misterio escondido por los siglos" (Colosenses 1: 26), que el Cristo en nosotros es nuestra Imaginación.

Entonces nos damos cuenta que solo cuando vivimos por la imaginación podemos decir que verdaderamente estamos viviendo.

Quiero que este libro sea el más simple, claro, franco trabajo que pueda yo hacer, para que pueda alentarte a que funciones imaginativamente, para que puedas abrir tus "Ojos Inmortales hacia adentro, a los Mundos del Pensamiento" (William Blake), donde tienes todos los deseos de tu corazón como grano maduro "blanco, listo para cosechar".

"He venido para que tengan vida, y para que la tengan en abundancia."

JUAN 10:10

La vida abundante que Cristo nos prometió es nuestra para ser experimentada ahora, pero hasta que no sintamos a Cristo como nuestra imaginación, no podremos experimentarla.

"El misterio escondido por los siglos… Cristo en ti, la esperanza de la gloria."

COLOSENSES 1:26

Es tu imaginación. Este es el misterio por el cual siempre estoy empeñándome en realizarlo con más entusiasmo, e instigando a otros a hacerlo.

La Imaginación es nuestra redentora, "El Señor de los Cielos" nacido de los hombres pero no el unigénito del hombre.

Cada hombre es María, y debe darle nacimiento a Cristo.

Si la historia de la inmaculada concepción y nacimiento de Cristo le parece irracional al hombre, es tan solo porque se ha malinterpretado como biografía, historia, y cosmología, y los exploradores modernos de la imaginación no ayudan cuando lo llaman la mente inconsciente o subconsciente.

El nacimiento de la imaginación y su crecimiento es la transición gradual de un Dios de tradición a un Dios de experiencia. Si el nacimiento de Cristo en el hombre parece lento, es solo porque el hombre no está dispuesto a abandonar la cómoda pero falsa seguridad de tradición.

Cuando la imaginación es descubierta como el primer principio de la religión, la piedra del entendimiento literal habrá sentido la vara de Moisés y, como la roca de Sion (Isaías 28: 16; Romanos 9: 33), provee el agua del significado psicológico para saciar la sed de la humanidad; y todos aquellos que tomen la copa ofrecida y vivan una vida de acuerdo a esta verdad, transformarán el agua de significado psicológico, a el vino del perdón.

Luego, como el buen samaritano (Lucas 10: 33-35), lo verterán en las heridas de todos.

El Hijo de Dios no será encontrado en la historia, ni en ninguna forma externa. El solo puede ser encontrado en la imaginación de aquel en quien Su presencia se manifiesta.

¡Ah! Si tu corazón pudiera convertirse en un pesebre, Dios volvería a ser un niño en esta tierra (Angelus Silesius, poeta del siglo 17).

El hombre es el jardín en el cual este unigénito Hijo de Dios duerme. El despierta a este Hijo al elevar su imaginación hacia el Cielo y vestir al hombre en estatura divina. Debemos continuar imaginando y superar aún más, aquello que conocemos como lo mejor.

El hombre en el momento en que despierta a la vida imaginativa debe enfrentarse a la prueba de la Condición de Hijo.

"Padre, revela a tu Hijo en mí" y "él tuvo a bien revelarme a Su Hijo en mi".

Gálatas 1:16

La prueba Suprema de la Condición de Hijo es el perdón de pecados. La prueba de que tu imaginación es Cristo Jesús, el Hijo de Dios, es tu habilidad de perdonar pecado. Pecar significa errar al blanco en nuestra propia vida, quedarse corto en el ideal de uno, fallar en lograr el objetivo al que se apunta. El Perdón significa la identificación del hombre con su ideal u objetivo en la vida. Este es el trabajo de la imaginación despierta, el trabajo supremo, porque pone a prueba la habilidad del hombre de entrar y tomar parte de la naturaleza de su opuesto.

"Que diga el hombre débil", "Yo soy Fuerte".

Joel 3:10

En razonamiento, esto es imposible. Solo La Imaginación Despierta puede entrar y tomar parte de la naturaleza de lo opuesto.

Este concepto de Cristo Jesús como imaginación humana trae estas preguntas fundamentales: ¿Es la Imaginación poder suficiente, no solo para permitirme que asuma que soy fuerte, sino que también para ser capaz de ejecutar la idea?

Supongamos que deseo estar en otro lugar o situación. ¿Podría yo, al imaginarme a mí mismo en tal estado y lugar, traer su realización física? Supongamos que no puedo pagar el viaje y supongamos que mi estatus social y económico actual opone la idea que yo quiero realizar. ¿Será la imaginación, suficiente por sí misma para encarnar estos deseos? ¿La imaginación comprende la razón? Y por razón, me refiero a deducciones de las observaciones de los sentidos.

¿Reconoce la imaginación, el mundo externo de hechos? En la manera práctica de la vida diaria, ¿es la imaginación una guía completa para el comportamiento?

Supone que yo soy capaz de actuar en continua imaginación, es decir, supone que soy capaz de sostener el sentimiento de mi deseo cumplido, ¿se cumplirá en hecho mi asunción?

Y si se cumple en hecho, ¿debería yo pensar que mis acciones, durante el período de incubación, han sido razonables?

¿Es mi imaginación un poder suficiente, no meramente para asumir el deseo cumplido, sino que también sea capaz de por sí misma, encarnar la idea?

Luego de asumir que ya soy lo que deseo ser, ¿debo continuamente guiarme por ideas y acciones razonables para así poder traer el cumplimiento de mi asunción?

La experiencia me ha convencido de que una asunción, aunque falsa, si se persiste en ella, se solidificará en hechos, que imaginación continua es suficiente para todas las cosas, y que todos mis planes y acciones razonables nunca compensarán por mi falta de imaginación continua.

¿No es verdad que las enseñanzas de los Evangelios pueden ser recibidas solamente en términos de fe y que el Hijo de Dios está constantemente buscando señales de fe en la gente – es decir, fe en su propia imaginación?

No es la promesa

"Crean que ya las han recibido, y les serán concedidas."
Marcos 11:24

¿Es lo mismo que "imagina que ya eres, y lo serás"?
¿No era un estado imaginado en el que Moisés" se mantuvo firme, como si estuviese viendo al Invisible"?

HEBREOS 11:27

¿No fue por el poder de su propia imaginación que él se mantuvo firme?

La Verdad depende de la intensidad de la imaginación, no depende de hechos externos. Los Hechos son el fruto dando testimonio del uso o mal uso de la imaginación.

El hombre se convierte en lo que imagina. Él tiene una historia auto-determinada. La Imaginación es el camino, la verdad, la vida revelada.

No podemos encontrar la verdad con la mente lógica. Donde el hombre natural de los sentidos ve a un capullo, la imaginación ve una rosa totalmente florecida.

La verdad no puede ser contenida por hechos.

A medida que despertamos en la vida imaginativa, descubrimos que imaginar una cosa es hacerla en hecho, que un verdadero juicio no debe conformarse con la realidad externa a la que se relaciona.

El hombre imaginativo no niega la realidad del mundo externo de los sentidos de Lo Que Será, pero él sabe que el mundo interno de Imaginación continua, es la fuerza por la cual el mundo externo de los sentidos de Lo Que Será se manifiesta. Él ve al mundo externo y todos sus acontecimientos como proyecciones del mundo interno de la Imaginación.

Para él, todo es una manifestación de la actividad mental que sucede en la imaginación del hombre, sin que el razonable hombre de los sentidos esté al tanto de ello.

Pero se da cuenta que cada hombre debe hacerse consciente de su actividad interna y ver la relación entre el mundo interno causal, de Imaginación y el mundo externo de los sentidos, de efectos.

Es una cosa maravillosa descubrir que puedes imaginarte a ti mismo en el estado de tu deseo cumplido y escapar de la cárcel que construye la ignorancia.

El Hombre Real es una Magnifica Imaginación. Es este Yo el que debe ser despertado.

"Despiértate, tú que duermes, levántate de entre los muertos, y te alumbrará Cristo."

EFESIOS 5:14

En el momento en que el hombre descubre que su imaginación es Cristo, él logra hechos que en este nivel solo pueden ser llamados milagrosos. Pero hasta que el hombre tenga el sentido de Cristo como su Imaginación,

"No me escogieron ustedes a mí, sino que yo los escogí a ustedes"

JUAN 15:16

Él verá todo en pura objetividad sin ninguna relación subjetiva.

Sin darse cuenta que todo con lo que él se encuentra es parte de él mismo, se rebela contra la idea de que él eligió las condiciones de su vida, que están relacionadas por afinidad a su propia actividad mental.

El hombre debe firmemente creer que la realidad yace dentro de él y no fuera.

Aunque otros tengan cuerpos, una vida propia, su realidad está arraigada en ti, termina en ti, como la tuya termina en Dios.

PREGUNTAS Y RESPUESTAS DE REFLEXIÓN

1. ¿Qué significa para usted el término "imaginación" y cómo se relaciona con su comprensión de la realidad?

- Respuesta: La imaginación suele considerarse una fuerza creativa o un medio de escape de la realidad. Personalmente, creo que moldea nuestra percepción de la realidad, influyendo en cómo interpretamos nuestras experiencias y aspiraciones. Al reconocer la imaginación como una herramienta poderosa, podemos aprovecharla para transformar nuestras vidas y perseguir nuestras metas con convicción.

-

2. ¿Cómo interpretas la idea de que "la imaginación es la puerta misma de acceso a la realidad"?

- Respuesta: Esto sugiere que nuestros pensamientos y creencias internos afectan directamente nuestras experiencias externas. Si imaginamos que nuestras metas y deseos ya se han cumplido, es más probable que tomemos medidas para lograrlos. Esto pone de relieve la importancia de una actitud mental positiva y la creencia de que podemos moldear nuestra realidad a través de nuestros pensamientos.

-

3. ¿De qué manera ves que tu imaginación influye en tu vida diaria y tus decisiones?

- **Respuesta:** Mi imaginación juega un papel importante en mis aspiraciones y decisiones. Cuando visualizo mis metas, a menudo me motiva a actuar y me ayuda a superar obstáculos. Por el contrario, los pensamientos negativos pueden llevarme a dudar de mí mismo, lo que demuestra que la imaginación puede funcionar tanto de forma positiva como negativa.

-

4. ¿Cuál es su comprensión de la relación entre la imaginación y la fe, particularmente en el contexto de los Evangelios?

- **Respuesta:** La fe en el contexto de los Evangelios parece requerir la creencia en algo más allá del mundo físico, lo cual está estrechamente ligado a la imaginación. Al imaginarnos en un estado de plenitud y abrazar nuestra identidad espiritual, podemos manifestar las promesas de la fe en nuestras vidas.

-

5. El capítulo sugiere que "el Hijo de Dios no se encuentra en la historia ni en ninguna forma externa". ¿Cómo cambia esta perspectiva tu comprensión de la espiritualidad?

- **Respuesta:** Esta perspectiva me anima a buscar la verdad espiritual en mi interior en lugar de basarme únicamente en prácticas religiosas externas o relatos históricos. Me invita a tener una relación más personal con lo divino, en la que reconozco el papel de mi imaginación y de mis experiencias internas para conectarme con los conceptos espirituales.

-

6. ¿Qué significa para usted que "el hombre se convierte en lo que imagina"?

- **Respuesta:** Esto implica que nuestro autoconcepto y nuestras aspiraciones influyen directamente en nuestras acciones y resultados. Me desafía a ser más consciente de mis pensamientos y a cultivar una visión de quién quiero llegar a ser, ya que esa visión moldea mi realidad y define mi potencial.

-

7. ¿Cómo concilias la idea del "perdón del pecado" con el concepto de imaginación?

- **Respuesta:** El perdón puede verse como un acto transformador de la imaginación. Cuando perdono, reformulo mi comprensión de la situación y de las personas involucradas, lo que permite la sanación y el crecimiento. Esto pone de relieve el poder de la perspectiva y la capacidad de visualizar mejores resultados.

-

8. ¿Qué pasos puedes seguir para cultivar una vida más imaginativa y plena basándose en los conocimientos de este capítulo?

- **Respuesta:** Puedo empezar visualizando regularmente mis objetivos, practicando la gratitud y concentrándome en afirmaciones positivas. Participar en actividades creativas y permitirme soñar sin limitaciones también puede mejorar mi capacidad imaginativa y ayudarme a vivir una vida más plena.

CAPÍTULO DOS

INSTRUCCIONES SELLADAS

"El primer poder que nos encuentra en el umbral del dominio del alma, es el poder de la Imaginación".

DR. FRANZ HARTMANN

La primera vez que me enteré del poder, naturaleza y función redentora de la imaginación fue a través de las enseñanzas de mi amigo Abdullah; y por subsecuentes experiencias, aprendí que Jesús era el símbolo de la venida de la imaginación al hombre, que la prueba de Su Nacimiento en el hombre era la habilidad individual de perdonar el pecado, es decir, su habilidad de identificarse a él mismo o a otro con su objetivo de vida.

Sin la identificación del hombre con su objetivo, el perdón de pecados es una imposibilidad, y solamente el Hijo de Dios puede perdonar pecado.

Por lo tanto, la habilidad del hombre de identificarse a sí mismo con su objetivo, aunque la razón y sus sentidos lo nieguen, es prueba del nacimiento de Cristo en él.

Rendirnos pacíficamente a las apariencias e inclinarnos ante la evidencia de los hechos, es confesar que Cristo no ha nacido en ti.

Aunque esta enseñanza me chocó y me repeló al principio – porque era un Cristiano convencido y serio, y en ese entonces no sabía que el Cristianismo no podía ser heredado por mero accidente de nacimiento sino que debe ser conscientemente adoptado como un camino de vida – más tarde, se apropió de mi entendimiento a través de visiones, revelaciones místicas y experiencias prácticas, y descubrí su interpretación en un sentido más profundo. Pero debo confesar que son momentos difíciles cuando esas cosas que siempre dimos por sentado son sacudidas.

"¿Ves todos estos grandiosos edificios? —Contestó Jesús—. No quedará piedra sobre piedra; todo será derribado."

MARCOS 13:2

Ni una piedra de entendimiento literal quedará luego de tomar el agua de entendimiento psicológico.

Todo lo que fue construido por religión natural, será lanzado a las llamas del fuego mental. Aun así, ¿qué mejor manera existe para entender a Cristo Jesús que identificar el personaje central de los Evangelios con la imaginación humana – sabiendo que, cada vez que ejercitas tu imaginación de manera amorosa para otro, tu estas literalmente mediando a Dios en hombre y por lo tanto alimentando y vistiendo a Cristo Jesús y que, cuando imaginas maldad contra otro, tu estas literalmente golpeando y crucificando a Cristo Jesús?

Toda Imaginación del hombre es, o la copa de agua fría, o la esponja de vinagre a los labios secos de Cristo.

Ninguno de ustedes imagine el mal en sus corazones en contra de su vecino, advirtió el profeta Zacarías (8: 17)

Cuando el hombre presta atención a este consejo, despertará del sueño impuesto en Adán a la completa consciencia del Hijo de Dios. Él está en el mundo, y el mundo fue hecho por Él, y el mundo no lo conoce (Aprox. Juan 1: 10) Imaginación Humana.

Me pregunté a mí mismo muchas veces "Si mi imaginación es Cristo Jesús y todas las cosas son posibles para Cristo Jesús, ¿todas las cosas son posibles para mí?

A través de la experiencia, llegué a la conclusión de que, cuando me identifico a mí mismo con mi objetivo en la vida, entonces Cristo está despierto en mí.

Cristo es suficiente para todas las cosas.

"Por eso me ama el Padre: porque entrego mi vida para volver a recibirla. Nadie me la arrebata, sino que yo la entrego por mi propia voluntad."

JUAN 10:18

Qué alivio es saber que todo lo que yo experimento es un resultado de mi propio estándar de creencias; que yo soy el centro de mi propia red de circunstancias y que cuando yo cambio, ¡así debe cambiar mi mundo externo!

El mundo presenta diferentes apariencias de acuerdo a como nuestros estados de conciencia difieran.

Lo que vemos cuando estamos identificados con un estado no puede ser visto cuando ya no estamos fusionados a él.

Por estado, me refiero a todo lo que el hombre cree y consiente como verdadero.

Ninguna idea presentada a la mente puede realizarse a sí misma a menos que la mente la acepte.

Dependerá de la aceptación, el estado con el que nos identificamos, como las cosas se presentan. En la fusión de la imaginación y estados es donde se encuentra la formación del mundo como se ve. El mundo es una revelación de estados que han sido fusionados con la imaginación. Es el estado desde donde pensamos que determina el mundo objetivo en el que vivimos. El hombre rico, el hombre pobre el hombre bueno, el ladrón, son lo que son por virtud de los estados desde donde ven al mundo. En la distinción entre estos estados depende la distinción entre los mundos de estos hombres.

Individualmente, es tan diferente este mismo mundo. No son las acciones y comportamiento del hombre bueno lo que debe ser correspondido sino su punto de vista.

Reformas externas son inútiles si el estado interno no es cambiado.

El éxito es ganado no por imitar las acciones externas de los exitosos pero por las correctas acciones internas y por las conversaciones internas.

Si nos desconectamos de un estado, y podemos hacerlo en cualquier momento, las condiciones y circunstancias a las que esa unión les dio vida, desaparecen.

Fue en el otoño de 1933 en la ciudad de Nueva York que me acerqué a Abdullah con un problema. Él me preguntó una simple pregunta, "¿Qué es lo que quieres?"
Le dije que quisiera pasar el invierno en Barbados, pero que estaba en bancarrota. Literalmente no tenía un centavo.

"Si te imaginas a ti mismo estando en Barbados", dijo él, "pensando y viendo el mundo desde ese estado de consciencia en vez de pensar sobre Barbados, tu pasarás el inverno allí.

No debes preocuparte por la manera y los medios en que llegarás allí, porque el estado de consciencia de ya estar en Barbados, si lo ocupas con tu imaginación, concebirá los mejores medios adecuados para realizarse a sí mismo."

El hombre vive para encomendarse a sí mismo a estados invisibles, fusionando su imaginación con aquello que conoce como diferente a sí mismo, y en esta unión el experimenta el resultado de esa fusión. Nadie puede perder lo que tiene, salvo por desconexión del estado donde las cosas experimentadas tienen su vida natural.

"Debes imaginarte a ti mismo justo dentro del estado del deseo cumplido", Abdullah me dijo, "y caer dormido viendo el mundo desde Barbados".

El mundo que describimos por observación debe ser como lo describimos relativo a nosotros mismos. Nuestra imaginación nos conecta con el estado deseado.

Pero debemos utilizar la imaginación magistralmente, no como un observador de afuera pensando sobre el final, pero como un participante pensando desde el final.

Debemos estar realmente allí en la imaginación.

Si hacemos esto, nuestra experiencia subjetiva será realizada objetivamente.

"Esto no es mera fantasía", me dijo él, "pero una verdad que puedes probar con la experiencia."

Su recurso de entrar en el deseo cumplido era el secreto de pensar desde el final. Cada estado está allí como "mera posibilidad" mientras pienses en él, pero es súper poderosamente real cuando piensas desde él. Pensar desde el final, es el camino de Cristo.

Comencé ahí mismo, fijando mis pensamientos más allá de los límites de los sentidos, más allá de ese aspecto que mi estado presente dio vida, hacia el sentimiento de ya estar en Barbados y viendo el mundo desde esa perspectiva.

Él enfatizó la importancia del estado desde el cual el hombre ve al mundo mientras cae dormido. Todos los profetas claman que la voz de Dios es mayormente oída por el hombre en sueños.

"En un sueño, en una visión nocturna, cuando un sueño profundo cae sobre los hombres, mientras dormitan en sus lechos, entonces El abre el oído de los hombres, y sella su instrucción."

JOB 33:15:16

Esa noche, y por varias noches siguientes, me dormí en la asunción de que estaba en la casa de mi padre en

Barbados. Al término de un mes, recibí una carta de mi hermano, diciendo que tenía un fuerte deseo de tener a toda la familia junta para Navidad y pidiéndome que utilice el ticket incluido de barco para ir a Barbados. Navegué dos días después de que recibí la carta de mi hermano y pasé un hermoso invierno en Barbados

Esta experiencia me convenció de que el hombre puede ser lo que sea que le plazca si hace esta idea habitual y si vive desde el final.

También me ha mostrado de que ya no puedo ponerme excusas al echarle la culpa al mundo de las cosas externas – que mi bondad o maldad no tienen dependencia salvo por mí mismo – que depende del estado desde el cual vea al mundo como las cosas se presenten a sí mismas.

El hombre, que es libre en sus elecciones, actúa desde conceptos que él elige libremente, pero no siempre sabiamente. Todo estado concebible está esperando que lo elijamos y ocupemos, pero no hay racionalización posible que nos moldee hasta ese estado de conciencia, que es lo único que vale la pena tener.

La imagen imaginativa es la única cosa que hay que buscar.

El fin de la imaginación es crear en nosotros "el espíritu de Jesús", que es perdón continuo de pecado, identificación continúa del hombre con su ideal.

Solo al identificarnos con nuestro objetivo podemos perdonarnos a nosotros mismo de haber fallado. Todo lo demás es trabajo en vano. En este camino, a cualquier lugar o estado al que le atribuyamos nuestra imaginación, también a ese lugar o estado gravitaremos físicamente.

"En la casa de mi Padre hay muchas moradas; si no fuera así, os lo hubiera dicho; porque voy a preparar un lugar para vosotros. Y si me voy y preparo un lugar para vosotros, vendré otra vez y os tomaré conmigo; para que donde yo estoy, allí estéis también vosotros."

JUAN 14:2

Al dormir en la casa de mi padre en mi imaginación tal como si durmiera allí en la carne, yo fusioné mi imaginación con ese estado y fui obligado a experimentar ese estado en la carne también.

Este estado era tan vívido para mí, que podría haber sido visto en la casa de mi padre si alguien sensible hubiera entrado en la habitación donde en mi imaginación yo estaba durmiendo. Un hombre puede ser visto donde este con su imaginación, ya que un hombre debe estar donde su imaginación esta, porque su imaginación es él mismo. Esto lo sé por experiencia, ya que yo he sido visto por algunos que quería que me vean, cuando físicamente me encontraba a cientos de millas de distancia.

Yo, por la intensidad de mi imaginación y sentimiento, imaginándome y sintiéndome a mí mismo estando en Barbados en vez de meramente pensar en Barbados, atravesé el gran Atlántico para influenciar a mi hermano en que desee mi presencia para completar el círculo familiar en Navidad.

Pensar desde el final, desde el sentimiento de mi deseo cumplido, fue la fuente de todo lo que ocurrió como causa externa, como el impulso de mi hermano de enviarme un ticket de barco; y también fue la causa de todo lo que apareció como resultados.

En Ideas del Bien y el Mal, W.B. Yeats, describiendo algunas experiencias similares a la mía, escribe:

Si todos los que describieron eventos como estos no hubieran soñado, deberíamos reescribir nuestras historias, ya que todos los hombres, ciertamente todos los imaginativos, deben estar por siempre lanzando encantamientos, glamour, ilusiones: y todos los hombres, especialmente los tranquilos que no tengan una vida poderosamente egoísta, deben estar continuamente pasando por debajo de su poder.

Imaginación determinada, pensar desde el final, es el principio de todos los milagros.

Quisiera darte una inmensa creencia en milagros, pero un milagro es solo un nombre dado por aquellos que no tienen conocimiento del poder y función de la imaginación sobre los trabajos de la imaginación.

Imaginarse a uno mismo con el sentimiento del deseo cumplido es el medio por el cual se entra a un nuevo estado. Esto le da al estado, la cualidad de ser-ismo.

Hermes nos dice:

Aquello que es, es manifestado; aquello que ha sido o que será, no es manifestado, pero está muerto; porque el Alma, la actividad eterna de Dios, anima todas las cosas.

El futuro debe convertirse en el presente en la imaginación de aquel que sabiamente y conscientemente crea circunstancias.

Debemos traducir "visión" a Ser, "pensar en" a "pensar desde". La imaginación debe centrarse en algún estado y ver el mundo desde ese estado. Pensar desde el final es una percepción intensa del mundo del deseo cumplido.

Pensar desde el estado deseado es vivir creativamente.

La ignorancia de esta habilidad de pensar desde el final es esclavitud.

Es la raíz de toda esclavitud a la que el hombre está sujeto. El rendirse pasivamente a la evidencia de los sentidos subestima las capacidades del Ser Interior.

Una vez que el hombre acepta pensar desde el final como el principio creativo en el cual él puede cooperar, entonces es redimido de la absurdidad de tratar de lograr su objetivo con tan solo pensar en él.

Construye todos los finales de acuerdo a la forma del deseo cumplido.

Toda la vida es el apaciguamiento del hambre, y los infinitos estados de conciencia desde los cuales el hombre puede observar al mundo, son tan solo medios para satisfacer ese hambre.

El principio por el cual cada estado es organizado, es algún tipo de hambre para elevar la pasión para la auto-gratificación hacia estados altos y más altos de experiencia.

El deseo es el impulso primario de la maquinaria mental. Es una bendición. Es un derecho y un antojo natural el cual tiene un estado de consciencia como su derecho y su satisfacción natural.

"Pero una cosa hago: olvidando lo que queda atrás y extendiéndome a lo que está delante, prosigo hacia la meta para obtener el premio del supremo llamamiento de Dios en Cristo Jesús."

Es necesario tener un objetivo en la vida. Sin objetivo, deambulamos. "¿Qué es lo que quieres de mí?" (¿Qué deseas que haga por ti? Lucas 18: 41) es la pregunta implícita que más seguido pregunta la figura central de los Evangelios. Al definir tu objetivo, debes quererlo.

"Como el ciervo anhela las corrientes de agua, así suspira por ti, oh Dios, el alma mía."
SALMOS 42:1

Es la falta de esta dirección pasional hacia la vida, lo que hace que el hombre falle en lograrlo.

La distancia del puente entre deseo – pensar en – y satisfacción – pensar desde – es lo más importante. Debemos movernos mentalmente desde pensar en el final, a pensar desde el final.

Esto es algo que la razón nunca podría hacer. Por su naturaleza, está restringida a la evidencia de los sentidos; pero la imaginación, al no tener limitaciones, puede hacerlo.

El deseo existe para ser gratificado en la actividad de la imaginación.

A través de la imaginación, el hombre escapa de la limitación de los sentidos y la esclavitud de la razón.

No hay quien detenga al hombre que pueda pensar desde el final. Nada puede detenerlo. El crea los medios y crece hasta salir de sus limitaciones, hacia las mansiones grandes y más grandes del Señor.

No importa lo que él ha sido o lo que es. Todo lo que importa es "¿Qué es lo que quiere?"

Él sabe que el mundo es una manifestación de la actividad mental que sucede dentro de él, entonces se esfuerza para determinar y controlar los finales desde los que él piensa.

En su imaginación, él mora en el final, confiado de que también morará allí en la carne.

Él pone toda su confianza en el sentimiento del deseo cumplido y vive comprometido a ese estado, porque el arte de la fortuna es tentarlo a que así viva.

Como el hombre en la piscina de Bethesda, que está listo para el movimiento del agua de la imaginación.

Sabiendo que cada deseo es el grano maduro para aquél que sabe cómo pensar desde el final, él es indiferente a la mera probabilidad razonable, y confía en que, con continua imaginación, sus asunciones se materializarán en hechos.

Pero como persuadir a los hombres en todos lados que pensar desde el final es la única manera de vivir, como promoverlo en cada actividad del hombre, como revelarlo como la plenitud de la vida y no la compensación del decepcionado: ese es el problema.

La vida es algo controlable.

Tu puedes experimentar lo que se te plazca una vez que te des cuenta que tú eres Su Hijo, y que eres lo quieres por virtud del estado de consciencia desde el cual piensas y ves al mundo.

"Hijo mío, tú siempre has estado conmigo, y todo lo mío es tuyo".

LUCAS 15:31

PREGUNTAS Y RESPUESTAS DE REFLEXIÓN

1. ¿Qué significa identificarse con el propio objetivo en la vida?

- **Respuesta:** Identificarse con el propio objetivo implica alinear los propios pensamientos, creencias y acciones con las metas o deseos que se desean alcanzar. Requiere un profundo compromiso de imaginarse a uno mismo ya en posesión del estado deseado o viviéndolo, en lugar de simplemente desearlo o verlo como algo separado de uno mismo.

-

2. ¿Cómo se relaciona el poder de la imaginación con el concepto del perdón analizado en el capítulo?

- **Respuesta:** El capítulo sugiere que el verdadero perdón se basa en la capacidad de identificarse a uno mismo y a los demás con sus metas más elevadas. Esto significa que al utilizar nuestra imaginación para vernos a nosotros mismos y a los demás a la luz de nuestras aspiraciones, podemos superar los sentimientos de culpa y separación. El perdón se convierte en un acto de imaginación, en el que visualizamos una realidad mejor para nosotros y para los demás.

-

3. ¿Cuál es el significado de la afirmación: "Pensar desde el fin es el camino de Cristo"?

- **Respuesta:** Esta afirmación destaca la importancia de considerar nuestros deseos como si ya se hubieran cumplido, en lugar de simplemente esperar que se cumplan. Destaca que Cristo representa la máxima realización del potencial y la creatividad humanos. Al adoptar una mentalidad que nos permita pensar desde el final, nos alineamos con los principios divinos que hacen realidad nuestros deseos.

-

4. ¿De qué manera el cambio de estado de conciencia puede repercutir en el mundo exterior?

- **Respuesta:** Cambiar el estado de conciencia puede transformar la forma en que una persona percibe e interactúa con el mundo. Como se afirma en el capítulo, el mundo exterior refleja nuestras creencias y estados internos. Al cambiar nuestros pensamientos y emociones para que se alineen con nuestros deseos, podemos alterar nuestras circunstancias y experiencias, y así remodelar eficazmente nuestra realidad.

-

5. ¿Qué papel juega la imaginación en el cumplimiento de los deseos según el capítulo?

- **Respuesta:** La imaginación se presenta como una poderosa fuerza creativa que permite a las personas entrar en la sensación de sus deseos cumplidos. El capítulo afirma que al imaginar vívidamente nuestros deseos como ya realizados, podemos atraer esas realidades a nuestras vidas. La imaginación nos permite trascender las limitaciones y explorar posibilidades más allá de las circunstancias físicas actuales.

-

6. ¿Cómo se pueden aplicar prácticamente las enseñanzas de este capítulo en la vida diaria?

- **Respuesta:** Se pueden aplicar estas enseñanzas participando regularmente en prácticas como la visualización y las afirmaciones, en las que uno se imagina a sí mismo en un estado deseado. Esto podría implicar reservar un tiempo cada día para reflexionar sobre las metas, sumergirse en la sensación de éxito y actuar como si el resultado deseado ya se hubiera producido. Se trata de cultivar una mentalidad que acepte la sensación de realización y se desprenda de las creencias limitantes.

-

7. ¿Qué quiere decir el autor con "pensar desde el final"? ¿Cómo se puede utilizar este concepto?

- **Respuesta:** "Pensar desde el final" significa adoptar la perspectiva de haber alcanzado ya una meta, en lugar de verla como una aspiración lejana. Este concepto se puede utilizar centrándose conscientemente en los sentimientos y experiencias asociados con el logro de una meta, permitiendo que esos pensamientos y emociones guíen las acciones y decisiones en la vida diaria.

-

8. ¿Por qué es esencial tener un objetivo claro en la vida, como se menciona en el capítulo?

- **Respuesta:** Un objetivo claro es esencial porque proporciona dirección y propósito. Sin un objetivo específico, las personas pueden sentirse perdidas o insatisfechas, y deambular por la vida sin una sensación de logro. Tener un objetivo definido permite canalizar la imaginación y los esfuerzos hacia un resultado tangible, lo que fomenta una sensación de logro y satisfacción.

CAPÍTULO TRES

AUTOPISTAS DEL MUNDO INTERIOR

"Y los hijos luchaban dentro de ella… Y el SEÑOR le dijo: Dos naciones hay en tu seno, y dos pueblos se dividirán desde tus entrañas; un pueblo será más fuerte que el otro, y el mayor servirá al menor."

GÉNESIS 25:22-23

La Dualidad es una condición de la vida. Todo lo que existe es dual. El hombre es una criatura dual con principios contradictorios incluidos en su naturaleza. Hacen guerra dentro de él y presentan actitudes de la vida que son antagonistas. Este conflicto es la eterna iniciativa, la guerra en el cielo, la lucha de nunca acabar entre el más joven u hombre interior de imaginación, reafirmando Su Supremacía sobre el más viejo o externo hombre de los sentidos.

"Los primeros serán los últimos y los últimos serán los primeros."

MATEO 19:30

"Este que es, quien viene después de mí, es preferido ante mí."

JUAN 1:27

"El segundo Hombre es el Señor de los Cielos."

El hombre comienza a despertar a la vida imaginativa en el momento en que siente la presencia de otro ser dentro de él.

En tus miembros yacen dos naciones, razas rivales desde nacimiento; una ganará dominio, la más joven a la más vieja reinará.

Hay dos centros distintivos de pensamiento o perspectivas en el mundo que posee cada hombre. La Biblia habla de estas dos perspectivas como natural y espiritual.

"Pero el hombre natural no acepta las cosas del Espíritu de Dios, porque para él son necedad; y no las puede entender, porque se disciernen espiritualmente."

1 CORINTIOS 2:14

El cuerpo interno del hombre es tan real en el mundo subjetivo como su cuerpo físico externo es real en el mundo de realidades externas, pero el cuerpo interno expresa una parte más fundamental de la realidad.

Este cuerpo interno que existe en el hombre debe ser conscientemente ejercitado y dirigido.

El mundo interno de pensamiento y sentimiento con el que el cuerpo interno está en sintonía tiene su propia estructura real y existe en su propio espacio elevado.

Hay dos tipos de movimientos, uno que va en relación con el cuerpo interno y otro que va en relación con el cuerpo externo. El movimiento que va en relación al cuerpo interno es causal, pero el movimiento externo es bajo compulsión. El movimiento interno determina el externo, al cual está sujeto, trayendo hacia lo externo un movimiento que es similar a las acciones del cuerpo interno. El movimiento interno es una fuerza por la cual todos los eventos han de suceder. El movimiento externo está sujeto a la compulsión aplicada por el movimiento del cuerpo interno.

Cuando las acciones del cuerpo interno se igualan a las acciones que lo externo debería tomar para apaciguar el deseo, ese deseo se realizará.

Construye mentalmente un drama que implique que tu deseo es realizado y has uno que involucre movimiento de uno mismo. Inmoviliza tu cuerpo físico externo. Actúa precisamente como si estuvieras por tomar una siesta, y comienza la acción predeterminada en la imaginación.

Una representación vívida de la acción es el comienzo de esa acción. Luego, mientras te vas quedando dormido, imagínate conscientemente dentro de la escena. No importa la duración de lo que duermas, una pequeña siesta ya es suficiente, pero llevar la acción hasta quedarse dormido materializa la fantasía a la realidad.

Al principio tus pensamientos pueden ser como ovejas sueltas que no tienen pastor. No te desesperes. Si tu atención deambula setenta veces siete, tráela de nuevo setenta veces siete a su predeterminado curso, hasta que por mero cansancio siga al camino señalado. Al viaje interno nunca debe faltarle dirección. Cuando tomas tu ruta interna, es para hacer lo que hiciste mentalmente antes de que comenzaras. Vas por el premio que ya has visto y aceptado.

En La Ruta a Xanadu, el profesor John Livingston Lowes dice:

Pero por largo tiempo he tenido el presentimiento, que este estudio ha transformado en convicción, de que Fantasía e Imaginación no son dos poderes, sino uno. La distinción válida que existe entre ellos yace, no en los materiales que operan, pero en el grado de intensidad del poder operante en sí.

Trabajando en alta tensión, la energía imaginativa ensambla y transmuta; con menor intensidad, la misma energía engloba y ancla juntas esas imágenes que en su más alto tono, las fusiona indisolublemente en una.

La fantasía ensambla, la imaginación fusiona.

Aquí tienen una aplicación práctica de esta teoría. Un año atrás, una chica ciega que vivía en la ciudad de San Francisco se encontró con un problema de transportación. Un cambio en la ruta de los autobuses la forzó a hacer tres transferencias entre su casa y su oficina. Esto alargó su viaje de quince minutos a dos horas y quince minutos. Ella pensó seriamente en este problema y llegó a la conclusión de que un auto sería la solución. Ella sabía que no podía conducir un auto pero sintió que podría ser llevada en uno.

Poniendo esta teoría a la práctica, que "cuando las acciones del ser interior corresponden a las acciones que lo exterior que el ser físico debe tomar para calmar al deseo, ese deseo debe ser realizado", ella se dijo a sí misma "Me sentaré aquí e imaginaré que estoy siendo conducida a mi oficina".

Sentada en su living, comenzó a imaginarse estando sentada en un auto. Ella sintió el ritmo del motor. Se imaginó que olía el olor de gasolina, sintió el movimiento del auto, tocó la manga del conductor y sintió que el conductor era un hombre. Sintió el auto frenar, y dirigiéndose hacia su compañero dijo "Muchas gracias Señor".

A lo que él respondió "El placer es todo mío".

Luego ella salió del auto y escuchó el golpe de la puerta mientras ella lo cerraba.

Ella me dijo que centró su imaginación en estar en ese auto y, aunque era ciega, veía la ciudad desde su viaje imaginario. Ella no pensó sobre el viaje. Ella pensó desde el viaje y todo lo que ello implicaba. Este viaje controlado y subjetivamente dirigido con propósito, elevó su imaginación a su máxima potencia.

Ella mantuvo su propósito siempre primero, sabiendo que había cohesión en su movimiento interno con propósito. En estos viajes mentales debe haber una continuidad emocional sostenida – La emoción del deseo cumplido. Expectativas y deseo eran tan intensamente unidas que pasaron directo desde el estado mental al acto físico.

El ser interior se mueve a través del curso predeterminado de mejor manera, cuando las emociones colaboran. El ser interior debe ser disparado, y la mejor manera de dispararlo es a través de pensamientos de grandes obras y ganancia personal. Debemos tener placer en nuestras acciones.

En dos días consecutivos, la chica ciega tomó su viaje imaginario, dándole todo el gozo y viveza sensorial de la realidad. Unas horas después de su segundo viaje imaginario, un amigo le cuenta sobre una historia que leyó en el diario de la tarde. Era la historia de un hombre que estaba interesado en los ciegos. La chica ciega lo llamó y le contó su problema. Al siguiente día, en su camino a casa, él paró en un bar y mientras estuvo allí sintió la urgencia de contarle la historia de la chica ciega a su amigo, el dueño. Un perfecto extraño, al escuchar la historia, se ofreció en llevar a la chica ciega a su casa todos los días. El hombre que contó la historia le dijo, "Si tú la llevas a su casa, yo la llevaré al trabajo".

Esto fue hace un año, y desde ese día, la chica ciega ha sido llevada hacia y desde su oficina por estos dos caballeros. Ahora, en vez de perder dos horas y quince minutos en tres autobuses, ella llega a su oficina en menos de quince minutos. Y en ese primer viaje a su oficina, ella se dirigió a su buen Samaritano y dijo "Muchas gracias señor"; a lo que él respondió "El placer es todo mío".

Por lo tanto, los objetos de su imaginación eran para ella las realidades para las cuales la manifestación física fue tan solo el testigo.

El principio animador determinante fue el viaje imaginario. Su triunfo puede ser una sorpresa solo para aquellos que no sabían de su viaje interno. Ella vio mentalmente al mundo desde este viaje imaginario con tal claridad de visión que cada aspecto de la ciudad era identificado.

Estos movimientos internos no solo producen movimientos externos correspondientes: esta es la ley que opera debajo de todas las apariencias físicas.

Aquel que practica estos ejercicios de bilocación desarrollará poderes inusuales de concentración y quietud, e inevitablemente logrará una conciencia despertante en el mundo interno y dimensionalmente más grande.

Realizándolo fuertemente, ella cumplió su deseo, porque al ver la ciudad desde el sentimiento de su deseo cumplido, alcanzó el estado deseado y se lo pidió a ella misma lo que los hombres dormidos le piden a Dios.

Para realizar tu deseo, una acción debe comenzar en tu imaginación, aparte de la evidencia de los sentidos, involucrando el movimiento del ser e implicando el cumplimiento de tu deseo. Cualquiera que sea el momento en que la acción del ser externo tome lugar para apaciguar al deseo, ese deseo se realizará.

El movimiento de cada objeto visible es causado no por cosas externas del cuerpo, pero por cosas dentro de él, que operan desde adentro hacia afuera.

El viaje está dentro de ti. Tú viajas a través de las autopistas del mundo interno. Sin movimiento interno, es imposible generar nada. La acción interna es sensación introvertida. Si construyes un drama mental que implique que ya has realizado tu objetivo, entonces cierra los ojos y lanza tus pensamientos internos, centrado tu imaginación todo el tiempo en la acción predeterminada y se partícipe de la acción, entonces te convertirás en un ser auto-determinado.

La acción interna ordena a todas las cosas de acuerdo a la naturaleza propia.

Pruébalo, y ve si un ideal deseable es posible una vez formulado, ya que solo por medio de este proceso de experimentación puedes realizar tus potenciales.

Es así que este principio creativo es realizado. Entonces la clave para vivir con propósito es centrar tu imaginación en la acción y sentimiento del deseo cumplido con tal consciencia, tal sensibilidad, que tú inicias y experimentas movimiento a través del mundo interno.

Las ideas solo actúan si son sentidas, si despiertan el movimiento interno. El movimiento interno es condicionado por auto-motivación, el movimiento externo por compulsión.

"Yo les entregaré a ustedes todo lugar que toquen sus pies."

JOSUÉ 1:3

Y recuerda

"El Señor tu Dios está en medio de ti, poderoso."

SOFONIAS 3:17

PREGUNTAS Y RESPUESTAS DE REFLEXIÓN

1. ¿Qué significa el concepto de dualidad en el contexto de este capítulo y cómo se manifiesta en la naturaleza humana?

- **Respuesta:** El concepto de dualidad se refiere al conflicto inherente en cada individuo entre dos aspectos opuestos: el hombre interior de la imaginación y el hombre exterior de los sentidos. Esta dualidad se manifiesta como una lucha entre aspiraciones superiores y deseos sensoriales inmediatos, lo que sugiere que la existencia humana implica navegar y reconciliar estos elementos conflictivos.

-

2. ¿En qué se diferencia el cuerpo interior del cuerpo exterior, según el texto?

- **Respuesta:** El cuerpo interior representa una realidad subjetiva más profunda que refleja pensamientos y sentimientos, mientras que el cuerpo exterior está vinculado a las experiencias físicas externas. El cuerpo interior se considera causal, impulsando las acciones y los acontecimientos del mundo exterior, que a menudo son reactivos y están impulsados por circunstancias externas.

-

3. ¿Qué papel juega la imaginación en la realización de los propios deseos, según la historia de la niña ciega?

- **Respuesta:** La imaginación actúa como una herramienta poderosa para crear las condiciones necesarias para el cumplimiento de los deseos. La imaginación mental de la niña ciega de ser llevada al trabajo, combinada con la intensidad emocional y el detalle sensorial, le permitió alinear su yo interior con sus circunstancias externas, lo que finalmente condujo a la manifestación física de su deseo.

-

4. ¿Por qué es importante la continuidad emocional en el proceso de manifestación de deseos?

- **Respuesta:** La continuidad emocional asegura que la experiencia interna sea consistente y coherente, reforzando la creencia en el cumplimiento de los deseos. Cuando las emociones se alinean con los pensamientos de metas alcanzadas, crean un fuerte movimiento interno que se traduce en acciones externas correspondientes, haciendo más probable la realización.

-

5. ¿Cómo se relaciona la idea de "actuar como si" con los principios descritos en este capítulo?

- **Respuesta:** El principio de "actuar como si" implica ensayar mentalmente y encarnar el estado de haber logrado ya un deseo. Esto se alinea con el énfasis del capítulo en dirigir el movimiento interno para producir resultados externos. Al involucrarse plenamente con la experiencia imaginada, las personas pueden superar la brecha entre su realidad actual y sus aspiraciones.

-

6. ¿Qué sugiere la frase "el viaje está en ti mismo" acerca de la capacidad personal para crear la realidad?

- **Respuesta:** Esta frase enfatiza que la verdadera transformación y el cumplimiento de los deseos se originan desde el interior. Sugiere que las personas poseen el poder de moldear sus experiencias y realidades a través del pensamiento interior, la imaginación y el compromiso emocional, lo que refuerza la noción de la capacidad de acción personal para manifestar los propios objetivos.

-

7. ¿De qué manera se pueden practicar los ejercicios de bilocación mencionados en el texto?

- **Respuesta:** La práctica de ejercicios de bilocación puede implicar la aplicación de técnicas de visualización en las que uno imagina estar en una situación deseada mientras siente las emociones y sensaciones asociadas. Esto podría incluir ensayos mentales de acciones o escenarios específicos, fomentando una sensación de presencia y realidad en la experiencia imaginada.

-

8. ¿Cómo se relaciona la referencia bíblica: "Dondequiera que pise la planta de vuestro pie, yo os lo daré" con los temas del capítulo?

- **Respuesta:** Esta referencia bíblica refuerza la idea de que las personas pueden reclamar y manifestar sus deseos mediante la participación activa y la fe. Sugiere que tomar la iniciativa en el propio viaje interior permite la realización de metas y aspiraciones en el mundo exterior, en consonancia con el enfoque del capítulo sobre el poder de la imaginación y el movimiento interior.

CAPÍTULO CUATRO
LAS TIJERAS DE PODAR DE LA REVISIÓN

"El segundo hombre es el Señor, del cielo"

1 CORINTIOS 15:47

**"Él nunca dirá orugas. Él dirá "Hay muchas mariposas-que-serán en nuestros repollos, Puro".
Él no dirá "Es invierno".
Él dirá, "El verano está durmiendo"
Y no hay capullo demasiado pequeño, ni demasiado descolorido para Kester para no llamarlo los comienzos del estallido.".**

MARY WEBB, PRECIOSO BANE

El primer acto de corrección o cura es siempre "revisar". Uno siempre debe comenzar con uno mismo. Es la actitud de uno lo que debe ser cambiado.

"Lo que somos, eso solo es lo que podemos ver"

Emerson

Es un ejercicio muy saludable y productivo revivir el día como desearías que lo hubieses vivido, revisando las escenas para hacerlas conforme a tus ideales.

Por ejemplo, supongamos que el correo de hoy trajo noticias decepcionantes. Revisa la carta. Reescríbela mentalmente y hazla conforme a las noticias que deseas haber recibido. Luego, en la imaginación, lee la carta revisada una y otra vez. Esta es la esencia de la revisión, y la revisión resulta en revocación.

El único requisito es que debes excitar tu atención de una manera y con tal intensidad que te absorbes completamente en la acción revisada. Tú experimentarás una expansión y refinamiento de los sentidos por este ejercicio imaginario y eventualmente obtendrás visión.

Pero siempre recuerda que el propósito final de este ejercicio es crear en ti "El espíritu de Jesús", que es continuo perdón de pecado.

La revisión es de suma importancia cuando el objetivo es cambiar a uno mismo, cuando hay un deseo sincero de ser algo diferente, cuando el anhelo es despertar al espíritu activo ideal de perdón.

Sin imaginación, el hombre permanece siendo un ser de pecado.

El hombre va hacia la imaginación o permanece en prisión de sus sentidos. Ir hacia la imaginación es perdonar. El perdón es la vida de la imaginación. El arte de vivir es el arte de perdonar.

El perdón es, de hecho, la versión revisada del día experimentada en la imaginación, experimentar en la imaginación aquello que deseas haber experimentado en la carne.

Cada vez que uno perdona realmente – es decir, cada vez que uno revive el evento como debería haber sido vivido – uno vuelve a nacer.

"Padre, perdónalos" no es el clamor que viene una vez al año pero la oportunidad que viene cada día. La idea del perdón es una posibilidad diaria, y si es hecha sinceramente, elevará al hombre a altos y más altos niveles del ser. El experimentará la Pascua diaria, y Pascua es la idea de levantarte transformado.

Y eso debería ser casi un proceso continuo.

Libertad y perdón están indisolublemente conectados.

No perdonar es estar en guerra con nosotros mismos, porque somos libres de acuerdo a nuestra capacidad de perdonar.

"Perdonad, y seréis perdonados."
LUCAS 6:37

Perdona, no meramente desde un sentido de deber o servicio; perdona porque quieres.

"Sus caminos son caminos deleitosos, y todas sus veredas paz."

PROVERBIOS 3:17

Debes sentir placer en la revisión. Puedes perdonar a otros con éxito solo cuando tienes un sincero deseo de identificarlos con su ideal. El deber no tiene ímpetu.
El perdón es una cuestión de sacar la atención deliberadamente del día sin revisar, y darle pura fuerza alegremente, al día revisado. Si un hombre comienza a revisar hasta los más pequeños problemas del día, entonces el comenzará a trabajar prácticamente en él mismo. Cada revisión es una victoria sobre sí mismo y por lo tanto, una victoria sobre su enemigo.

"Y los enemigos del hombre serán los de su casa."

MATEO 10:36

Y su casa es su estado mental. Él cambia su futuro cuando revisa su día.

Cuando un hombre practica el arte del perdón, de revisión, no importa que tan realista sea la escena en el que su vista descansa, él la revisa con su imaginación y observa una nunca antes vista. La magnitud del cambio que todo acto de revisión involucra, hace que tales cambios parezcan divinamente improbables para el realista- el hombre no imaginativo; pero los cambios radicales en las fortunas del hijo Pródigo (Lucas 15: 11-32) fueron todos producidos por un "cambio de corazón".

La batalla en la que el hombre pelea, es peleada en su propia imaginación. El hombre que no revisa el día ha perdido la visión de esa vida, la cual es el verdadero trabajo del "Espíritu de Jesús" para transformar esta vida.

"Así que en todo traten ustedes a los demás tal y como quieren que ellos los traten a ustedes. De hecho, esto es la ley."

MATEO 7:12

Esta es la manera en que una amiga artista se perdonó a sí misma y fue liberada de dolor, molestia y hostilidad. Sabiendo que solo olvidando y perdonando se pueden traer los nuevos valores, se entregó a su imaginación y escapó de la prisión de los sentidos. Ella escribe:

"El Jueves, enseñé todo el día en la escuela de arte. Solo una pequeña cosa arruinó el día. Llegando a mi clase de la tarde, descubrí que el portero había dejado todas las sillas arriba de los escritorios luego de haber limpiado el piso. Al bajar una de las sillas, se me escapó de mis manos y me dio un golpe fuerte en el empeine del pie derecho. Inmediatamente examiné mis pensamientos y me di cuenta que había criticado al hombre por no hacer su trabajo como corresponde. Dado a que él había perdido a su ayudante, me di cuenta que probablemente sintió que había hecho más que suficiente, y fue un regalo no deseado que había rebotado y pegado en mi pie. Miré hacia abajo a mi pie, y vi que tanto mi pie y mis medias intactas, así que me olvide de la situación."

"Esa noche, luego de haber estado trabajando intensamente por alrededor de tres horas en un dibujo, decidí hacerme un café. Para mi gran asombro, no podía mover mi pie derecho y estaba generando grandes bultos de dolor. Salté hacia una silla y me saqué la pantufla para mirarlo. El pie estaba completamente morado-rosado, inflamado hasta desfigurarse y súper caliente. Traté de caminar pero solo aleteaba. No tenía control alguno sobre él. Parecía una de dos cosas: o me rompí un hueso cuando solté la silla, o algo podría estar dislocado."

'No sirve de nada especular. Mejor solucionarlo lo antes posible.'

"Entonces me quede callada, lista para derretirme hacia la luz. Para mi completo asombro, mi imaginación se rehusaba a cooperar. Tan solo decía 'No'.

Esta clase de situación suele suceder cuando estoy pintando. Comencé a debatir '¿Porque no?'. Seguía diciendo 'No'.

Finalmente, me rendí y dije 'Sabes que estoy con dolor. Estoy tratando con mucho esfuerzo no tener miedo, pero tú eres el jefe. ¿Qué quieres hacer?'

La respuesta: 'Ve a la cama y revisa los eventos del día.'

Entonces dije 'Esta bien. Pero déjame decirte si mi pie no está perfecto para mañana a la mañana, tienes solo a ti a quien culpar.'

"Luego de arreglar las sabanas de la cama para que no toquen mi pie, comencé a revisar el día. Iba lento, ya que tenía dificultad en mantener mi atención fuera del pie. Fui a través de todo el día, no vi nada para agregar al incidente de la silla. Pero cuando llegue al anochecer, me encontré cara a cara con un hombre quien desde hace un año había decidido no hablarme. La primera vez que esto pasó, pensé que se había vuelto sordo. Lo conocía desde que iba a la escuela, pero nunca hemos hecho más que decir 'hola' y comentar sobre el clima. Amigos en común me habían asegurado que yo no había hecho nada, que él dijo que nunca le había caído bien y finalmente decidió que no valía la pena hablarme. Le dije '¡Hola!'

Él no respondió. Descubrí que pensé 'Pobre hombre – que estado horrible en el que está. Debería hacer algo sobre esta ridícula situación'.

Entonces, en mi imaginación, paré ahí mismo y re-hice la escena. Le dije '¡Hola!' él respondió '¡Hola!' y sonrió. Y ahora pensé 'El buen viejo Ed'.

Repetí la escena un par de veces y continúe con los siguientes incidentes hasta terminar el día. "¿Y ahora que – hacemos, mi pie o el concierto?"

Había estado derritiendo y envolviendo un hermoso regalo de coraje y éxito para una amiga que estaba por hacer su debut el siguiente día y había estado ansiosa en dárselo esa noche. Mi imaginación sonó un poco solemne cuando me dijo 'Hagamos el concierto. Sera más divertido.'

'Pero primero ¿podríamos tomar mi perfecto y buen pie imaginario y reemplazarlo por el físico antes de que empecemos?'. 'Con todo gusto'.

"Hecho eso, tuve un hermoso momento en el concierto y mi amiga tuvo una tremenda ovación.

"Para ese momento ya estaba muy, muy adormecida y caí dormida haciendo mi proyecto. A la mañana siguiente, al ponerme mi pantufla, de repente recordé una imagen de haber sacado un pie descolorido e inflamado de la misma pantufla. Saque mi pie y lo miré. Estaba perfectamente normal en todo aspecto. Había un pequeño punto rosa en el empeine donde recordaba que había sido golpeada con la silla.

'¡Que sueño más vívido que fue!" pensé, y luego me vestí. Mientras esperaba mi café, caminé hacia mi mesa de dibujo y vi que todos mis pinceles estaban dispersos y sin lavar. '¿Que te ha poseído para dejar tus pinceles así?'

'¿No te acuerdas? Fue por tu pie.'

Entonces no había sido un sueño para nada, sino una hermosa sanación."

Ella había ganado por el arte de la revisión lo que nunca podría haber ganado por fuerza.

"En el Cielo, el único Arte de Vivir Es Olvidar y Perdonar. Especialmente a la Mujer".

BLAKE

Debemos tomar nuestra vida, no como aparenta ser, sino desde la visión del artista, ya que la visión del mundo hecho perfecto está enterrado en todas nuestras mentes – enterrado y esperando a que nosotros revisemos el día.

"Somos llevados a creer una mentira cuando vemos con, y no a través del ojo".

BLAKE

Una revisión del día, y lo que ella sostenía tan tercamente como real, ya no lo era para ella y, como en un sueño, se había desvanecido calladamente.

Puedes revisar el día para disfrutarlo tú mismo y al experimentarlo en la imaginación, el discurso y las acciones revisadas no solo modifican la tendencia de la historia de tu vida, pero también convierte todas las discordias en armonías.

Aquel que descubre el secreto de la revisión no puede hacer otra cosa más que ser guiado por el amor.

Tu efectividad aumentará con la práctica. La revisión es la manera por la cual lo correcto puede ser posible.

"No resistáis al que es malo" (Mateo 5: 39), ya que todos los conflictos pasionales resultan en un intercambio de características.

"A aquel, pues, que sabe hacer lo buenoy no lo hace, le es pecado."

SANTIAGO 4:17

Para conocer la verdad, debes vivir la verdad, y para vivir la verdad, tus acciones internas deben coincidir con las acciones de tu deseo cumplido.

Expectativa y deseo debe convertirse en uno.

Tu mundo externo es tan solo movimiento interno realizado.

Por ignorancia de la ley de la revisión, aquellos que se dedican a la guerra son perpetuamente derrotados.

Solo conceptos que idealizan representan la verdad.

Tu ideal de hombre es el más verdadero ser. Es porque creo firmemente que, todo lo más profundamente imaginativo es en realidad lo más directo y práctico, que te pido que vivas imaginativamente y que "pienses desde", y que te apropies personalmente del decir trascendental:

"Cristo en ti, la esperanza de la gloria" (Colosenses 1: 27) No culpes; solo resuelve.

No es el hombre y la tierra en lo más amoroso, sino tú practicando el arte de la revisión, lo que hace al paraíso.

La evidencia de esta verdad, puede yacer solo en tu propia experiencia de ella.

Trata de revisar el día. Es a las tijeras de podar de la revisión a las que les debemos nuestro mejor fruto.

PREGUNTAS Y RESPUESTAS DE REFLEXIÓN

1. ¿Qué nos sugiere el acto de revisar el día sobre el poder de la imaginación en nuestras vidas?

- **Respuesta:** Revisar el día resalta el poder transformador de la imaginación. Sugiere que tenemos la capacidad de reformular nuestras experiencias y percepciones, lo que nos permite enfrentar los desafíos y las decepciones con una mentalidad más constructiva y comprensiva. Esta práctica refuerza la idea de que nuestro mundo interior influye significativamente en nuestra realidad exterior.

-

2. ¿Cómo se entrelaza el concepto de perdón con el proceso de revisión?

- **Respuesta:** El perdón es un tema central en el proceso de revisión. Al revisar los acontecimientos pasados con una mentalidad de compasión y comprensión, podemos dejar atrás los rencores y los sentimientos negativos. Este ejercicio de imaginación nos permite replantear nuestras narrativas y fomentar una sensación de paz, lo que en última instancia nos eleva a estados superiores de ser y promueve la curación emocional.

-

3. ¿Cuáles son los pasos prácticos que se pueden seguir para participar eficazmente en el proceso de revisión?

- **Respuesta:** Para realizar la revisión, se puede empezar por reflexionar sobre los acontecimientos del día e identificar los momentos que provocaron desilusión o conflicto. A continuación, reescribir mentalmente esos escenarios tal como desearía que se hubieran desarrollado, prestando atención a los sentimientos asociados con los acontecimientos revisados. Es esencial sumergirse por completo en la experiencia imaginada, repitiéndola hasta que se sienta vívida y real. Practicar esto regularmente puede mejorar la capacidad de una persona para lograr un cambio positivo en su vida.

-

4. ¿De qué manera puede la revisión diaria conducir al crecimiento y al cambio personal?

- **Respuesta:** La revisión diaria puede conducir al crecimiento personal al fomentar la autoconciencia y fomentar una actitud proactiva ante los desafíos. A medida que las personas practican la reimaginación de sus experiencias, desarrollan la capacidad de responder a las situaciones con mayor resiliencia y creatividad. Esta práctica continua puede crear un efecto acumulativo, transformando gradualmente la perspectiva y las interacciones de la persona con el mundo.

-

5. ¿Cómo ilustra la historia del artista el impacto de la revisión en el bienestar físico y emocional?

- **Respuesta:** La experiencia de la artista demuestra que la revisión puede tener efectos tangibles tanto en las dolencias físicas como en los estados emocionales. Al reimaginar conscientemente su día y las interacciones que lo definían, no solo alivió su dolor, sino que también fomentó una sensación de conexión y positividad. Esto ilustra la interconexión de la mente y el cuerpo y refuerza la idea de que nuestras prácticas mentales pueden conducir a cambios significativos en nuestro bienestar general.

-

6. ¿Qué ideas proporciona el capítulo sobre la relación entre la imaginación y la realidad?

- **Respuesta:** El capítulo enfatiza que la imaginación no es simplemente una forma de escape caprichosa, sino una herramienta poderosa para moldear nuestra realidad. Sugiere que a través de actos imaginativos de revisión, podemos influir en nuestras experiencias y resultados. Esto subraya la idea de que nuestra percepción de la realidad puede transformarse si nos involucramos activamente con nuestra vida interior y aprovechamos el poder de la imaginación.

-

7. ¿Cómo se pueden aplicar los principios de revisión y perdón a los conflictos en las relaciones personales?

- Respuesta: Aplicar los principios de revisión y perdón a las relaciones personales implica reflexionar sobre las interacciones que han causado dolor o malentendidos. Al revisitar esos momentos con una mentalidad de compasión e imaginación, las personas pueden crear nuevas narrativas que promuevan la sanación y la comprensión. Esta práctica puede conducir a reconciliaciones, vínculos más fuertes y una coexistencia más armoniosa con los demás.

CAPÍTULO CINCO
LA MONEDA DEL CIELO

**"¿Puede, una persuasión firme de que una cosa es así, hacer que la cosa sea así?"
Y el profeta respondió, "Todos los poetas creen que si puede. Y en eras de imaginación, ésta firme persuasión removió montañas: pero muchos no son capaces de una persuasión firme de nada."**

WILLIAM BLAKE, "EL MATRIMONIO DEL CIELO Y EL INFIERNO".

"Cada uno esté plenamente convencido en su propia mente."

ROMANOS 14:5

La persuasión es un esfuerzo interno o atención intensa.

Escuchar atentamente como si lo hubieras oído, es evocar; es activar.

Al escuchar, puedes oír lo que quieras oír y persuadir a aquellos que no están en el rango del oído externo.

Háblalo internamente en tu imaginación solamente.

Haz tu conversación interna coincidir con tu deseo cumplido. Lo que deseas escuchar externamente, debes escucharlo internamente.

Acepta lo externo en lo interno y conviértete en alguien que solo escucha aquello que implique el cumplimiento de su deseo, y todos los acontecimientos externos en el mundo se convertirán en un puente que te llevará a la realización objetiva de tu deseo.

Tu discurso interno está siendo escrito perpetuamente alrededor tuyo en acontecimientos.

Aprende a relacionar estos acontecimientos con tu discurso interno y aprenderás a enseñarte a ti mismo.

Por discurso interno me refiero a esas conversaciones mentales que llevas contigo.

Podrán ser inaudibles cuando estas despierto por ruidos y distracciones del mundo externo de lo físico, pero son muy audibles en meditación profunda y sueños.

Pero ya sean audibles o inaudibles, tú eres su autor y moldeas tu mundo en su semejanza.

"Hay un Dios en el cielo (y el cielo está dentro de ti) que revela los misterios, y Él ha dado a conocer al rey Nabucodonosor lo que sucederá al fin de los días. Tu sueño y las visiones que has tenido en tu cama eran éstos".

DANIEL 2:28

El discurso interno desde las premisas del deseo cumplido es la forma de crear un mundo inteligente para ti.

Observa tu discurso interno porque es la causa de acción futura. El discurso interno revela el estado de conciencia a través del cual observas al mundo.

Haz que tu discurso interno coincida con tu deseo cumplido, porque tu discurso interno es lo que se manifiesta alrededor tuyo en acontecimientos.

Si alguno no ofende en palabra, éste es varón perfecto, capaz también de refrenar todo el cuerpo. He aquí nosotros ponemos freno en la boca de los caballos para que nos obedezcan, y dirigimos así todo su cuerpo. Mirad también las naves; aunque tan grandes, y llevadas de impetuosos vientos, son gobernadas con un muy pequeño timón por donde el que las gobierna quiere. Así también la lengua es un miembro pequeño, pero se jacta de grandes cosas. ¡He aquí! ¡Cuán grande bosque enciende un pequeño fuego!

SANTIAGO 3:2-5

El mundo entero manifestado esta para mostrarnos el uso que hemos hecho de la Palabra – El Discurso Interno.

Una observación no crítica de nuestra conversación interna nos revelará las ideas desde donde vemos al mundo.

Las conversaciones internas reflejan nuestra imaginación, y nuestra imaginación refleja el estado con el cual estamos fusionados. Si el estado con el que estamos fusionados es la causa del fenómeno de la vida, entonces estamos liberados de la carga de preguntarnos qué hacer, ya que no tenemos otra alternativa más que identificarnos a nosotros mismos con nuestro objetivo, y dado que, si el estado con el que nos identificamos refleja nuestro discurso interno, entonces para cambiar el estado con el que estamos fusionados, debemos primero, cambiar nuestras conversaciones internas.

Son nuestras conversaciones internas las que hacen los hechos de mañana.

"Dejen la conversación vieja, el viejo hombre, que es corrupto… y sean renovados en el espíritu de sus mentes… vístanse del nuevo hombre, el cual es creado en justicia."

EFESIOS 4:22-24

"En nuestra mente, como en nuestro estómago, abrimos el apetito por un cambio de comida".

QUINTILLIANO

Detén toda vieja conversación mecánica interna que es negativa, y comienza un nuevo discurso interno que sea positivo y constructivo desde las premisas del deseo cumplido. La conversación interna es el comienzo de la siembra de las semillas de las acciones futuras. Para determinar la acción, tú debes iniciar conscientemente y controlar tus conversaciones internas.

Construye una oración que implique el cumplimiento de tu objetivo, como "Tengo un ingreso grande, estable y dependiente, consistente con integridad y beneficio mutuo", o "estoy felizmente casado", "soy deseado", "estoy contribuyendo para el bien del mundo", y repite tales oraciones una y otra vez hasta que seas afectado internamente por ellas. Nuestro discurso interno representa en varias maneras, al mundo en el que vivimos.

"En el principio era el Verbo",

JUAN 1:1

"Aquello que siembras, cosecharás. ¡Mira aquellos campos! El sésamo era sésamo, el maíz, era maíz. ¡El Silencio y la Oscuridad! Así es como nace el destino del hombre."

LA LUZ DE ASIA (EDWIN ARNOLD)

Los finales son testimonios de los principios.

"Aquellos que van en busca de amor, solo hacen manifestar su propia falta de amor. Y los faltos de amor nunca encuentran amor, solo los llenos de amor encuentran amor, y nunca tienen que ir a buscarlo."

DH LAWRENCE

El hombre atrae lo que es. El arte de la vida es sostener el sentimiento del deseo cumplido y dejar que las cosas vengan a ti, no ir en busca de ellas o pensar que se nos van a escapar.

Observa tu conversación interna y recuerda tu objetivo. Éstos, ¿coinciden?

¿Coincide tu conversación interna, con lo que dirías audiblemente si tu deseo ya se hubiese cumplido? La conversación interna del individuo y las acciones atraen las condiciones de su vida.

A través de una auto-observación no crítica de tus conversaciones internas tú encuentras el lugar en el que estabas en el mundo interno y donde estés en el mundo interno es lo que eres en el mundo externo.

Te vistes del nuevo hombre cuando el ideal y el discurso interno coinciden. Esta es la única manera en que el nuevo hombre puede nacer.

La conversación interna madura en la oscuridad.

Desde la oscuridad emana hacia la luz. El discurso interno correcto es el discurso que dirías si realizaras tu ideal. En otras palabras, es el discurso del deseo cumplido.

"Soy el que Soy" (Éxodo 3: 14)

Hay dos dones que Dios le ha dado solamente al hombre, y a ninguna otra criatura mortal. Estos son la mente y el discurso; y el don de la mente y el discurso son equivalentes a la inmortalidad. Si un hombre utiliza estos dones de la manera correcta, no habrá diferencia entre él y los inmortales… y cuando el deje a su cuerpo, la mente y el discurso serán su guía, y con ellos traerá las tropas de los dioses y las almas que han obtenido el éxtasis.

HERMÉTICA,
TRADUCCIÓN DE WALTER SCOTT

Las circunstancias y condiciones de la vida son las conversaciones internas expresadas afuera, sonido solidificado. El discurso interno convierte los eventos en existencia. En cada evento, está el sonido creativo que es su vida y ser.

Todo lo que el hombre cree y consiente como cierto se revela en su discurso interno. Su Verbo, es su vida.

Trata de notar lo que te estás diciendo a ti mismo en este momento, a que pensamientos y sentimientos les estas dando consentimiento. Serán perfectamente tejidos en el tapiz de tu vida. Para cambiar tu vida, debes cambiar tu conversación interna, ya que "vida", dice Hermes, "es la unión del Verbo y la Mente".

Cuando la imaginación coincide con tu discurso interno sobre el deseo cumplido, habrá luego, un camino directo en ti, desde adentro hacia afuera, y lo de afuera reflejará instantáneamente lo que hay dentro de ti, y tú sabrás que la realidad solo se realiza con la conversación interna.

"Recibid con mansedumbre la palabra implantada, la cual puede salvar vuestras almas."

SANTIAGO 1:21

Cada etapa en el progreso del hombre, está hecha por el consciente ejercicio de su imaginación coincidiendo su discurso interno, con su deseo cumplido.

Porque el hombre no los iguala perfectamente, los resultados son inciertos, cuando podrían ser perfectamente exactos. La asunción persistente del deseo cumplido, es el medio por el cual se puede cumplir la intención.

A medida que controlamos nuestra conversación interna, igualándola a nuestros deseos cumplidos, podemos dejar otros procesos. Y así podemos actuar simplemente por la imaginación clara y la intención.

Imaginamos el deseo cumplido y llevamos conversaciones mentales desde esa premisa.

A través del control de la conversación interna desde las premisas del deseo cumplido, lo que aparentan ser milagros, ocurre.

El futuro se convierte en el presente y se revela a sí mismo en nuestro discurso interno.

Ser sostenido por nuestro discurso interno del deseo cumplido es estar anclado con seguridad a la vida.

Nuestras vidas parecen ser destruidas por los eventos, pero nunca son destruidas siempre y cuando mantengamos el discurso interno de nuestro deseo cumplido.

Toda felicidad depende del uso activo voluntario de la imaginación para construir y afirmar internamente que somos lo que queremos ser. Nos igualamos a nuestros ideales al recordarnos constantemente nuestro objetivo y al identificarnos con él. Nos fusionamos con nuestro objetivo al ocupar el sentimiento del deseo cumplido frecuentemente.

Es la frecuencia, la ocupación habitual, el secreto del éxito. Cuanto más seguido lo hagamos, más natural será. La fantasía ensambla. La continua imaginación fusiona.

Es posible resolver toda situación con el uso apropiado de la imaginación.

Nuestra tarea es obtener la oración correcta, la que implique que nuestro deseo ya fue realizado, y disparar nuestra imaginación con él.

Todo esto está conectado íntimamente con el misterio de "la quieta y pequeña voz".

La conversación interna revela actividades de imaginación, actividades las cuales son la causa de las circunstancias de la vida.

Como regla, el hombre es totalmente inconsciente de su conversación interna y por lo tanto se ve a sí mismo, no como la causa pero como la víctima de las circunstancias.

Para crear conscientemente las circunstancias, el hombre debe dirigir conscientemente su discurso interno, que iguale a su "quieta y pequeña voz" a su deseo cumplido.

"Él llama a las cosas que no existen, como si existieran."
ROMANOS 4:17

El discurso interno correcto es esencial. Es el arte más grandioso.

Es la manera de liberarse de la limitación a la libertad.

La ignorancia de este arte, ha hecho del mundo un campo de batalla y una penitenciaria donde solo se espera la sangre y el sudor, cuando debería ser un lugar donde maravillarse y sorprenderse.

La conversación interna correcta es el primer paso para convertirse en lo que quieres ser.

"El discurso es una imagen de la mente, y la mente es una imagen de Dios".

HERMÉTICA,
TRADUCCIÓN SCOTT

En la mañana del 12 de Abril de 1953, mi esposa fue despertada por el sonido de una gran voz de autoridad que le hablaba dentro de ella diciéndole "Debes dejar de gastar tus pensamientos, tiempo y dinero. Todo en la vida debe ser una inversión."

Gastar es desperdiciar, derrochar, gastar sin recompensa. Invertir, es gastar con un propósito por el cual se espera una recompensa. Esta revelación de mi esposa se refiere a la importancia del momento. Se trata de la transformación de momento. Lo que deseamos, no yace en el futuro sino en nosotros mismos en este mismo momento.

En cada momento de nuestras vidas, nos encontramos con una elección infinita: "Lo que somos, y lo que queremos ser."

Y lo que queremos ser ya existe, pero para manifestarlo debemos vigilar nuestro discurso interno y las acciones que le corresponden.

"Si dos de vosotros se ponen de acuerdo sobre cualquier cosa que pidan aquí en la tierra, les será hecho por mi Padre que está en los cielos."

MATEO 18:19

Solo lo que se hace ahora es lo que cuenta.

El presente no retrocede hacia el pasado. Avanza hacia el futuro para confrontarnos, gastado o invertido.

El pensamiento es la moneda del Cielo. El dinero es su símbolo terrestre.

Cada momento debe ser invertido, y nuestra conversación interna revela si estamos gastando o invirtiendo.

Interésate más en lo que estas "diciendo ahora" internamente, que en lo que "has dicho", eligiendo sabiamente lo que piensas y lo que sientes ahora.

Cada vez que nos sentimos malinterpretados, abusados, abandonados, desconfiados, con miedo, estamos gastando nuestros pensamientos y gastando nuestro tiempo.

Cuando sentimos el sentimiento de ser lo que queremos ser, estamos invirtiendo.

No podemos abandonar al momento, a la conversación interna negativa y tener la expectativa de retener el comando de la vida.

Adelante de nosotros va el resultado de todo lo que aparenta estar detrás. El último momento no quedo atrás – sino que está por venir.

"Así será Mi palabra que sale de Mi boca, No volverá a Mí vacía, Sin haber realizado lo que deseo, Y logrado el propósito para el cual la envié."

ISAÍAS 55:11

Las circunstancias de la vida son las afirmaciones amortiguadas de tu conversación interna, que fue lo que las creó – la palabra hecha visible.

"La Palabra", dijo Hermes, "es el Hijo, y la Mente es el Padre de la Palabra. No están separados uno del otro; ya que la vida es la unión de La Palabra y La Mente."

"Por su propia voluntad nos hizo nacer mediante la palabra de verdad."

SANTIAGO 1:18

"Por tanto, imiten a Dios, como hijos muy amados"

EFESIOS 5:1

Y usen el discurso interno sabiamente para moldear el mundo externo en armonía con su ideal.

"El Espíritu del SEÑOR habló por mí, y su palabra estuvo en mi lengua."

2 SAMUEL 23:2

La boca de Dios es la mente del hombre. Alimenta a Dios solo con lo mejor.

"Todo lo que es de buena reputación… en esto pensad."

FILIPENSES 4:8

El momento presente es siempre precisamente adecuado para invertir, para hablar internamente la palabra correcta.

"La palabra está muy cerca de ti; la tienes en la boca y en el corazón, para que la obedezcas. Hoy te doy a elegir entre la vida y la muerte, entre el bien y el mal, entre la bendición y la maldición. Elige, pues, la vida."

DEUTERONOMIO 30:14-15

Tú eliges la vida y el bien y la bendición al ser lo que eliges. Los iguales se reconocen entre sí. Haz de tu discurso interno una bendición y da buena reputación.

La ignorancia del hombre sobre el futuro es el resultado de su ignorancia sobre su conversación interna. Su conversación interna refleja su imaginación, y su imaginación es un gobierno donde la oposición nunca obtiene el poder.

Si el lector pregunta, "¿Qué pasa si el discurso interno permanece subjetivo y no logra encontrar un objeto de su afecto?", la respuesta es: no permanecerá subjetivo, por la simple razón de que el discurso interno esta siempre objetivándose a sí mismo.

Lo que frustra y pudre y se convierte en la enfermedad que aflige a la humanidad, es la ignorancia del hombre sobre el arte de igualar sus palabras internas a su deseo cumplido.

El discurso interno refleja la imaginación, y la imaginación es Cristo.

Altera tu discurso interno, y tu mundo perceptual cambiará. Cuando el discurso interno y el deseo están en conflicto, el discurso interno invariablemente gana. Porque el discurso interno se objetiva a sí mismo, es fácil ver que si se iguala al deseo, se realizará objetivamente. Si esto no fuera así, yo diría con Blake,

"Mejor matar a un niño en su cuna que alimentar deseos que no se llevan a la práctica." Pero yo sé por experiencia,

"La Lengua…inflama al curso de la existencia."
SANTIAGO 3:6

PREGUNTAS Y RESPUESTAS DE REFLEXIÓN

1. ¿Qué sugiere el capítulo acerca de la relación entre el habla interna y la realidad externa?

- **Respuesta:** El capítulo plantea que nuestro discurso interno, o las conversaciones mentales que tenemos con nosotros mismos, influyen directamente en nuestra realidad externa. Destaca que al alinear nuestro diálogo interno con nuestros deseos cumplidos, podemos dar forma a nuestras experiencias y manifestar nuestras aspiraciones en el mundo que nos rodea.

-

2. ¿Cómo define el autor el concepto de "invertir" versus "gastar" en términos de pensamiento y tiempo?

- **Respuesta:** El autor diferencia entre "gastar" e "invertir" al sugerir que gastar pensamientos y tiempo se refiere a desperdiciar energía en diálogos internos negativos o improductivos, mientras que invertir implica elegir conscientemente pensamientos que se alineen con nuestros deseos. Invertir consiste en utilizar nuestros recursos mentales para construir un futuro que refleje nuestras metas y aspiraciones.

-

3. ¿De qué manera puedes identificar tu discurso interno? ¿Qué herramientas o prácticas puedes utilizar para observarlo y modificarlo?

- **Respuesta:** La identificación del diálogo interno se puede realizar mediante la autorreflexión y prácticas de atención plena como la meditación o el registro diario. Herramientas como las afirmaciones o las técnicas de visualización pueden ayudar a modificar el diálogo interno, lo que permite a las personas alinear sus pensamientos con los resultados deseados. La autoobservación regular también puede ayudar a reconocer patrones en nuestro pensamiento.

-

4. ¿Por qué el autor enfatiza la importancia de mantener la "voz apacible y delicada" en relación con nuestros deseos?

- **Respuesta:** La "pequeña voz apacible" representa el diálogo interior que se alinea con nuestros verdaderos deseos. Al alimentar esta voz interior, podemos permanecer conectados con nuestras aspiraciones y mantener la claridad en nuestras intenciones. El autor sostiene que esta guía interior nos ayuda a navegar por las circunstancias de la vida y crea una existencia más intencional.

-

5. ¿Qué papel juega la imaginación en el proceso de transformación de los deseos en realidad, según el capítulo?

- **Respuesta:** La imaginación se presenta como una herramienta poderosa para crear la realidad. El capítulo sugiere que al imaginar vívidamente nuestros deseos como ya cumplidos, activamos un estado mental que atrae esas experiencias a nuestras vidas. El proceso de imaginación, cuando se combina con el habla interior alineada, es esencial para manifestar nuestras intenciones.

-

6. ¿Cómo resuena la idea de que "el pensamiento es la moneda del cielo" con tus experiencias personales?

- **Respuesta:** Esta idea puede tener eco en las experiencias personales al destacar el impacto del pensamiento positivo y la fijación de intenciones. Reflexionar sobre los momentos en los que mantener una actitud positiva condujo a resultados favorables puede ilustrar cómo los pensamientos, en efecto, moldean nuestras experiencias y oportunidades en la vida.

-

7. ¿Qué acciones puedes tomar para garantizar que tus conversaciones internas sean constructivas y estén alineadas con tus objetivos?

- **Respuesta:** Para garantizar que las conversaciones internas sean constructivas, se pueden practicar afirmaciones, realizar ejercicios de gratitud y reemplazar activamente los pensamientos negativos por afirmaciones positivas. Reservar tiempo para la autorreflexión y ser consciente de los propios pensamientos también puede fomentar un diálogo interno más positivo.

-

8. ¿De qué manera pueden los conocimientos adquiridos en este capítulo cambiar su enfoque ante los desafíos que enfrenta?

- **Respuesta:** Las ideas del capítulo fomentan un enfoque proactivo ante los desafíos, haciendo hincapié en el poder del habla interior y la imaginación. Al replantear los desafíos como oportunidades y mantener un diálogo interior constructivo, uno puede afrontar las dificultades con una mentalidad más empoderada, lo que en última instancia conduce a resultados positivos.

CAPÍTULO SEIS
ESTÁ EN EL INTERIOR

"… Ríos, Montañas, Ciudades, Villas, todos son Humanos, y cuando entras en sus Vientres, caminas en Cielos y Tierras, así como en tu Propio Vientre que llevas tú Cielo y Tierra y todo lo que observas; aunque aparenta Estar Afuera, está Dentro, en Tu Imaginación, de la cual este Mundo de Mortalidad, es nada más que una Sombra."
BLAKE: "JERUSALÉN"

El mundo interno era tan real para Blake, como la tierra externa de la vida despierta. El veía a sus sueños y visiones como las realidades de las formas de la naturaleza. Blake reducía todo al fundamento de su propia consciencia.

"El Reino de Los Cielos está dentro de ustedes."
LUCAS 17:21

El verdadero Hombre, el Hombre Imaginativo, ha invertido el mundo externo con todas sus propiedades. La aparente realidad del mundo externo que es tan difícil disolver, es solamente la prueba de la absoluta realidad del mundo interno de su propia imaginación.

"Nadie puede venir a mí si no lo atrae el Padre que me envió… El Padre y yo somos uno."
JUAN 6:44, JUAN 10:30

El mundo que es descripto por observación es una manifestación de la actividad mental del observador.

Cuando el hombre descubre que su mundo es su propia actividad mental hecha visible, que ningún hombre puede venir a él a menos que él lo traiga, y que no hay nadie a quien cambiar excepto a él mismo, su primer impulso es remodelar el mundo en la imagen de su ideal.

Pero su ideal no se encarna fácilmente. En ese momento en que él deja de ajustarse a la disciplina externa, debe imponerse a sí mismo una disciplina mucho más rigorosa, auto-disciplina de la cual depende la realización de su ideal.

La imaginación no es completamente ilimitada y libre para moverse a voluntad sin ninguna regla que la contenga. De hecho, la verdad es lo contrario. La imaginación viaja de acuerdo al hábito.

La imaginación tiene elección, pero elige de acuerdo al hábito. Despierto o dormido, la imaginación del hombre está restringida a seguir ciertos patrones definidos. Es esta influencia adormecedora del hábito que el hombre debe cambiar; si no lo cambia, sus sueños se desvanecerán bajo la parálisis de la costumbre.

La Imaginación, que es Cristo en el hombre, no está sujeta a la necesidad de producir solo aquello que es perfecto y bueno. Ejercita su absoluta libertad de la necesidad, al otorgar al ser externo físico el libre albedrío de elegir entre seguir al bien o al mal, al orden o al desorden.

"Escoged hoy a quién habéis de servir."
JOSUÉ 24:15

Pero luego de haber hecho la elección y haberla aceptado para formar la consciencia habitual del individuo, la imaginación manifiesta su poder infinito y sabiduría al moldear el mundo externo de los sentidos de lo que vendrá, en la imagen del habitual discurso interno y las acciones del individuo.

Para realizar su ideal, el hombre debe primero cambiar el patrón que su imaginación ha estado siguiendo.

El pensamiento habitual es el indicativo del carácter.

La manera de cambiar el mundo externo es hacer que el discurso interno y las acciones se igualen con el discurso externo y las acciones del deseo cumplido.

Nuestros ideales están esperando a ser encarnados, pero a menos que nosotros mismos igualemos nuestro discurso interno y nuestras acciones al discurso y las acciones del deseo cumplido, serán incapaces de nacer.

El discurso interno y las acciones son los canales de acción de Dios. Él no puede responder a nuestras plegarias a menos que estos caminos sean ofrecidos.

El comportamiento externo del hombre es mecánico. Está sujeto a la compulsión aplicada a él por el comportamiento del ser interno, y los viejos hábitos del ser interior se mantienen hasta que sean reemplazados por nuevos hábitos. Es una propiedad particular del segundo u hombre interno que le da al ser externo algo similar a su propia realidad de ser. Cualquier cambio en el comportamiento del ser interno resultará en sus correspondientes cambios externos.

El místico llama a un cambio de consciencia "muerte". Por muerte, se refiere no a la destrucción de la imaginación y el estado con el que estaba fusionado, pero a la disolución de su unión.

Fusión es unión más que unidad. Por ende, las condiciones a las que esa unión dio vida desaparecen. "Yo muero diariamente", dijo Pablo a los Corintios (1 Corintios 15: 31). Blake dijo a su amigo Crabbe Robinson:

"No hay nada como la muerte. La muerte es lo mejor que puede pasar en la vida; pero la mayoría de la gente muere tan tarde y toman tanto tiempo cruel en morir. Dios sabe, sus vecinos nunca los ven resucitar de entre los muertos.".

Para el hombre externo de los sentidos, que no sabe nada del hombre interno del Ser, esto es mera tontería. Pero Blake lo dejó bien en claro cuando escribió esto un año antes de morir:

"William Blake – uno que disfruta muchísimo de estar en buena compañía. Nacido el 28 de Noviembre de 1757 en Londres y ha muerto varias veces desde entonces".

Cuando el hombre tiene el sentido de Cristo como su imaginación, el ve porqué Cristo debe morir y resucitar otra vez de entre los muertos para salvar al hombre – porque él debe desapegar su imaginación de su estado presente y unirla a un concepto más alto de sí mismo si quiere elevarse más allá de sus limitaciones presentes y por lo tanto salvarse a sí mismo.

Aquí tienen una linda historia de una muerte mística que fue atestiguada por un "vecino".

"La semana pasada", escribe la que "resucitó de entre los muertos", "una amiga me ofreció su casa en las montañas para las fiestas de Navidad porque pensaba en irse al Este. Ella dijo que me lo confirmaría esta semana. Tuvimos una agradable conversación y le hablé de usted y sus enseñanzas en conexión con una discusión sobre el 'Experimento con el Tiempo' de Dunne, sobre lo cual ella estaba leyendo."

"Su carta llegó el Lunes. Cuando la levanté, sentí de repente, una sensación de depresión.

Sin embargo, cuando la leí, ella decía que podría tener la casa y me dijo dónde encontrar las llaves. En vez de sentirme contenta, me sentí más deprimida, tal fue así que decidí que debería haber algo entre líneas que estaba percibiendo intuitivamente. Saqué la carta del sobre, y leí la primera hoja completa y cuando iba a leer la segunda hoja, noté que ella había escrito una posdata detrás de la primera hoja.

Consistía de una descripción directa y severa de una característica de mi personalidad no muy agradable, con la que he luchado por años para superarla, y por los últimos dos años ya la había superado."

"Y hete aquí estaba otra vez, descripta con exactitud clínica.

Estaba asombrada y desolada. Me dije a mi misma, '¿Qué me está queriendo decir esta carta? Primero, me invita a usar su casa, dado a que me había visto a mí misma en una casa hermosa durante las fiestas. Segundo, nada viene a mí a menos que yo lo traiga. Y tercero, he estado escuchando solamente buenas noticias. Entonces la conclusión obvia es que algo en mi corresponde a esta carta y no importa lo que parezca, son buenas noticias.' Releí la carta y cuando lo hice, me pregunté '¿Qué hay aquí para que tenga que verlo?'

Y luego lo vi. Comenzaba así: 'Luego de nuestra conversación de la semana pasada, siento que puedo decirte que…' y el resto de la página estaba salpicada con 'era' y 'eras' como pasas de uvas en una torta de semillas. Un gran sentimiento de euforia barrió sobre mí.

Estaba todo en el pasado. La cosa por la que tanto había trabajado para corregir estaba hecha. De repente me di cuenta que mi amiga era un testigo de mi resurrección. Di vueltas alrededor del estudio, cantando '¡Esta todo en el pasado! Esta hecho. Gracias, ¡esta hecho!'

Junté toda mi gratitud en una gran bola de luz y la disparé derecho hacia usted y si vio un flash de relámpago el Lunes por la noche poco después de las seis de su horario, eso fue lo que vio."

"Ahora, en vez de escribir una carta educada porque es lo correcto que se debe hacer, puedo escribirle un sincero agradecimiento por haber sido franca y agradecerle por haberme prestado la casa.

Muchísimas gracias por sus enseñanzas, que han hecho de mi amada imaginación mi verdadero Salvador."

Y ahora, si cualquier hombre le dice a ella "Mirad, aquí está el Cristo o allí está" (Mateo 23: 24), ella no le creerá, porque ella sabe que el Reino de los Cielos está dentro de ella y que ella misma debe asumir completa responsabilidad por la encarnación de su ideal y que nada más que la muerte y la resurrección la traerán hacia su ideal.

Ella ha encontrado su Salvador, su amada Imaginación, por siempre expandiendo en el seno de Dios.

Hay solo una realidad, y esa es Cristo – La Imaginación Humana, la herencia y logro final de toda la Humanidad.

"Para que nosotros... hablando la verdad en amor, crezcamos en todos los aspectos en aquel que es la cabeza, es decir, Cristo."

EFESIOS 4:15

PREGUNTAS Y RESPUESTAS DE REFLEXIÓN

1. ¿Qué quiere decir Blake cuando afirma: "aunque parezca exterior, está interior"?

- **Respuesta:** Blake sugiere que nuestro mundo exterior es un reflejo de nuestra realidad interior. Si bien percibimos el mundo físico como algo separado y tangible, la esencia de ese mundo (nuestras experiencias, emociones y percepciones) se origina en nuestra imaginación. Por lo tanto, para comprender y transformar nuestra realidad, primero debemos explorar nuestro yo interior.

-

2. ¿Cómo se relaciona el concepto de que el "Reino de los Cielos" está dentro de nosotros con la responsabilidad personal?

- **Respuesta:** Esta idea enfatiza que cada individuo tiene el poder y la responsabilidad de dar forma a su propia vida. El Reino de los Cielos existe dentro de nosotros, lo que significa que nuestros pensamientos, creencias y lenguaje interno crean nuestras experiencias externas. Reconocer esto nos obliga a participar activamente en la autodisciplina y la creación consciente para manifestar nuestros ideales.

-

3. ¿Qué se entiende por "la disolución de su unión" en referencia al yo interior y exterior?

- **Respuesta:** La frase se refiere al proceso de liberarnos de viejos hábitos y limitaciones que nos impone nuestro estado actual de conciencia. Al disolver la unión entre nuestras creencias y conductas actuales, podemos alinearnos con un yo superior, permitiendo la transformación y el nacimiento de nuestros ideales en el mundo físico.

-

4. ¿Por qué se describe la imaginación como poseedora de "libertad absoluta" y aun así limitada por el hábito?

- **Respuesta:** Si bien nuestra imaginación es ilimitada y puede concebir infinitas posibilidades, a menudo opera dentro de las limitaciones de nuestros hábitos y patrones de pensamiento establecidos. Para aprovechar verdaderamente este poder imaginativo, debemos tomar conciencia de nuestras formas habituales de pensar y trabajar activamente para reformularlas, asegurándonos de que nuestra imaginación pueda llevarnos hacia los resultados deseados.

-

5. ¿Cómo puede el cambio del discurso interior conducir a cambios externos en la vida?

- **Respuesta:** El habla interna actúa como un modelo para nuestras acciones y experiencias. Al alterar conscientemente nuestro diálogo interno para alinearlo con nuestros deseos e ideales, ponemos en marcha una transformación que se refleja en nuestra realidad externa. Esta alineación crea un camino para nuevas oportunidades y circunstancias que coinciden con nuestro estado interno.

-

6. ¿Cuál es el significado de la historia mística compartida en el capítulo sobre la carta del amigo?

- **Respuesta:** Esta historia ilustra el poder de la perspectiva para interpretar los acontecimientos externos. El narrador percibe inicialmente la carta de forma negativa, pero finalmente se da cuenta de que representa problemas pasados que se han resuelto. Este cambio de comprensión pone de relieve cómo nuestras creencias internas y nuestra autopercepción pueden transformar nuestras experiencias, permitiéndonos ver las luchas pasadas como peldaños hacia el crecimiento y la resurrección.

-

7. ¿De qué manera podemos invertir activamente nuestros pensamientos y nuestro habla interior para tener una vida más plena?

- **Respuesta:** Podemos invertir nuestros pensamientos enfocándonos en afirmaciones positivas, visualizando nuestros deseos como ya cumplidos y participando en un diálogo interno constructivo. Al elegir conscientemente cultivar una mentalidad que se alinee con nuestras metas, creamos activamente una experiencia más satisfactoria y gratificante, que nos permite encarnar la vida que deseamos llevar.

CAPÍTULO SIETE
LA CREACIÓN ESTÁ TERMINADA

Yo soy el principio y el fin, y no hay nada que ha de existir que no haya sido, y existe ya.
ECLESIASTÉS 3:15 NVI

Blake vio todas las situaciones posibles para el humano como estados "ya hechos". Él vio cada aspecto, cada plan y drama elaborados, ya como "meras posibilidades" mientras no estemos en ellas, pero como abrumadoras realidades cuando estamos en ellas.

Él describe estos estados como "Las Esculturas de los Pasillos de Los".

Por lo tanto, hace diferencia entre estados, y los Individuos en esos Estados. Los Estados cambian pero las Identidades de los Individuos nunca cambian ni cesan… La Imaginación no es un Estado.

Dijo Blake,

"Es la Existencia Humana en sí misma. El Afecto o el Amor se convierten en un Estado cuando son divididos de la Imaginación."

Qué tan importante es recordar esto es casi imposible de decir, pero el momento en que el individuo se da cuenta de esto por primera vez, es el momento más trascendental de su vida, y ser entusiasmado a sentir esto, es el tipo de entusiasmo mas grande que es posible dar.

Esta verdad es común para todos los hombres, pero estar consciente de ella – y aún más, ser auto-consciente de ella- es otro tema. El día que descubrí esta gran verdad - que todo en mi mundo es una manifestación de la actividad mental que sucede dentro de mí, y que las condiciones y circunstancias de mi vida solo reflejan el estado de conciencia con el que estoy fusionado – es el momento más trascendental de mi vida.

Pero la experiencia que me trajo a la certeza de esta verdad es tan remota en la vida cotidiana, que he dudado por mucho tiempo en contarla, porque mi razonamiento me negaba a admitir la conclusión que la experiencia me dio. Sin embargo, esta experiencia me reveló que soy supremo dentro del círculo de mi propio estado de conciencia y que es el estado con el que estoy identificado lo que determina la experiencia.

Por lo tanto, debe ser compartido con todos, porque saber esto es ser liberado de la tiranía más grande del mundo, la creencia en una segunda causa.

"Bienaventurados los de limpio corazón, pues ellos verán a Dios."

MATEO 5:8

Bienaventurados son aquellos que han purgado tanto su imaginación de creencias en segundas causas, que saben que la imaginación es todo, y todo es la imaginación.

Un día me deslicé calladamente desde mi departamento en Nueva York, a un remoto campo de antaño. Mientras entraba en el comedor de una gran posada, me hice totalmente consciente. Sabía que mi cuerpo físico estaba inmovilizado en mi cama allí en Nueva York.

Aun así, aquí me encontraba, y despierto y tan consciente como nunca antes. Intuitivamente sabía que si podía frenar la actividad de mi mente, todo alrededor mío se congelaría. Tan pronto como tuve ese pensamiento sentí que me poseían las ganas de probarlo. Sentí mi cabeza apretarse, y luego espesarse hasta la quietud. Mi atención estaba concentrada en un enfoque claro como el cristal, y la mesera que caminaba, ya no caminaba. Y mire por la ventana, y las hojas que caían, dejaron de caer. Y la familia de cuatro que estaban comiendo, ya no comían. Y ellos que levantaban la comida, no la levantaban más. Luego mi atención se relajó, el espesor se aflojó, y de repente todo continuó su movimiento como venía. Las hojas cayeron, la mesera caminó y la familia comió. Luego entendí la visión de Blake de las "Esculturas de Los Halls".

"Yo os he enviado a segar lo que vosotros no labrasteis."

JUAN 4:38

La Creación está terminada.

"Yo soy el principio y el fin, y no hay nada que ha de existir que no haya sido, y existe ya."

ECLESIASTÉS 3:15, NVI

El mundo de la creación está terminado y su original está dentro de nosotros.

Lo vimos antes de encaminarnos, y desde entonces hemos estado tratando de recordarlo y de activar secciones de él. Hay infinitas maneras de verlo. Nuestra tarea es encontrar la manera correcta de verlo y por dirección determinada de nuestra atención, hacerlo pasar en secuencia ante nuestro ojo interno. Si ensamblamos la secuencia correcta y la experimentamos en la imaginación hasta que tenga el tono de realidad, entonces creamos conscientemente las circunstancias.

Esta secuencia interna es la actividad de la imaginación que debe ser dirigida conscientemente. Nosotros, por una serie de transformaciones mentales, nos hacemos conscientes de lo que ya existe, de a porciones que se van incrementando, y al igualar nuestra actividad mental a esa porción de la creación que deseamos experimentar, la activamos, la resucitamos, y le damos vida.

Esta experiencia que tuve no solo muestra al mundo como una manifestación de la actividad mental del observador individual, pero también revela nuestro curso de tiempo como saltos de la atención entre momentos eternos. Un abismo infinito separa dos de cualquiera de nuestros momentos.

Nosotros, por el movimiento de nuestra atención, le damos vida a las "Esculturas de Los Halls".

Piensa en el mundo como conteniendo un número infinito de estados de conciencia a través de los cuales se lo puede observar. Piensa en estos estados como habitaciones o mansiones en la Casa de Dios (Juan 14: 2), y como las habitaciones de cualquier casa, están fijas en relación una con otra.

Pero piensa en ti mismo, el Verdadero Ser, el tú Imaginativo, como el residente vivo, móvil de la Casa de Dios.

Cada habitación contiene algunas de las Esculturas de Los, con tramas infinitos y situaciones y dramas ya solucionados pero no activados.

Son activados tan pronto como la Imaginación Humana entra y se fusiona con ellos. Cada uno representa cierta actividad mental y emocional. Para entrar en un estado, el hombre debe dar consentimiento a las ideas y sentimientos que lo representan.

Estos estados representan un número infinito de transformaciones mentales posibles que el hombre puede experimentar.

Para trasladarse a otro estado o mansión, se requiere un cambio de creencias.

Todo lo que podrías desear ya está presente, y solo espera a ser igualado a tus creencias.

Pero debe ser igualado, ya que esa es la única condición necesaria para ser activados y materializados.

Igualar las creencias de un estado es el buscar que encuentra, el golpear al que le es abierto, es el preguntar que recibe (Mateo 7: 8; Lucas 11: 10). Entra y posee la tierra (Éxodo 6: 4; 8).

El momento en que el hombre iguala las creencias de cualquier estado, se fusiona con él, y de esta unión resulta la activación y proyección de sus tramas, planes, dramas y situaciones.

Se convierte en el hogar del individuo desde el cual el observa al mundo. Es su taller, y si es observador, el verá la realidad externa formándose a sí misma bajo el modelo de su… Imaginación.

Es por este propósito de entrenarnos en crear-imágenes, que fuimos hechos sujetos a las limitaciones de los sentidos y vestidos en cuerpos de carne.

Es el despertar de la imaginación, el retorno de Su Hijo, que nuestro Padre espera.

"La creación fue sujetada a vanidad, no por su propia voluntad, sino por causa del que la sujetó."

ROMANOS 8:20

Pero la victoria del Hijo, el retorno del pródigo, nos asegura que

"La creación misma será también liberada de la esclavitud de la corrupción a la libertad de la gloria de los hijos de Dios."

ROMANOS 8:21

Fuimos sometidos a esta experiencia biológica porque nadie puede saber de la imaginación si no fue sometido a las vanidades y limitaciones de la carne, si no ha tomado su parte como Condición de Hijo y se ha ido a ser pródigo, quien no ha experimentado y probado esta copa de experiencia; y la confusión continuará hasta que el hombre despierte y una visión imaginativa fundamental haya sido restablecida y reconocida como básica.

"Me concedió el privilegio de anunciar… las infinitas riquezas de Cristo y hacer entender a todos la realización del plan de Dios, el misterio que desde los tiempos eternos se mantuvo oculto en Dios, creador de todas las cosas por Cristo Jesús.

EFESIOS 3:8,9

Ten en cuenta que Cristo en ti es tu imaginación.

Así como la apariencia de nuestro mundo es determinada por el estado en particular con el que estamos fusionados, también podemos determinar nuestro destino como individuos al fusionar nuestra imaginación con ideales que deseamos realizar. En la distinción entre nuestros estados de conciencia, depende la distinción entre las circunstancias y condiciones de nuestras vidas. El hombre, que es libre para elegir su estado, suele rogar ser salvado del estado de su elección.

"Ese día clamaréis por causa de vuestro rey a quien escogisteis para vosotros, pero el SEÑOR no os responderá en ese día. No obstante, el pueblo rehusó oír la voz de Samuel, y dijeron: No, sino que habrá rey sobre nosotros."

1 SAMUEL 8:18, 19

Elige sabiamente el estado al que servirás. Todos los estados están sin vida hasta que la imaginación se fusiona con ellos.

"Pero todas las cosas se hacen visibles cuando son expuestas por la luz, pues todo lo que se hace visible es luz."

EFESIOS 5:13

Y,

"Ustedes son la luz del mundo",

MATEO 5:14

Por medio de aquellas ideas a las cuales les has dado consentimiento se materializan. Aférrate a tu ideal. Nada puede quitártelo más que tu imaginación.

No pienses en tu ideal, piensa desde él. Es solo los ideales desde los que piensas, los que son realizados

"No solo de pan vivirá el hombre, sino de toda palabra que sale de la boca de dios."

MATEO 4:4

Y "la boca de Dios" es la mente del hombre.

Conviértete en un bebedor y comedor de los ideales que deseas realizar. Ten un objetivo definido o tu mente divagará, y divagando se come cada sugerencia negativa.

Si vives bien mentalmente, todo lo demás estará bien.

Por un cambio de dieta mental, tú puedes alterar el curso de los eventos observados.

Pero a menos que haya un cambio de la dieta mental, tu historia personal permanecerá igual. Tú iluminas u obscureces tu vida por las ideas a las que les das consentimiento.

Nada es más importante para ti que las ideas de las cuales te alimentas. Y te alimentas de las ideas que piensas. Si ves que el mundo no cambia, es una señal segura de que estas deseando en fidelidad a la nueva dieta mental, la cual ignoras para poder condenar a tu ambiente. Necesitas una actitud nueva y sostenida.

Puedes ser cualquier cosa que desees si hicieras del concepto un hábito, ya que cualquier idea que excluye a todas las demás de tu campo de atención, dispara en acción.

Las ideas y humores a los que siempre vuelves definen el estado con el que estas fusionado.

Por lo tanto, entrénate a ti mismo para ocupar más frecuentemente el sentimiento del deseo cumplido. Esto es magia creativa. Es la manera en que se trabaja hacia la fusión con el estado deseado.

Si tú asumieras el sentimiento del deseo cumplido más seguido, serías el amo de tu destino, pero desafortunadamente tú dejas afuera a tu asunción la mayor parte del tiempo, excepto por alguna que otra hora. Practica en hacerlo real para ti mismo al sentimiento del deseo cumplido.

Luego de asumir el sentimiento del deseo cumplido, no cierres a la experiencia como cerrarías a un libro, pero llévala contigo como el olor de una fragancia.

En vez de dejarlo completamente al olvido, deja que permanezca en la atmósfera comunicando su influencia automáticamente a tus acciones y reacciones. Un humor, si se repite seguido, gana un impulso que es difícil de romper o controlar. Así que ten cuidado con los sentimientos que entretienes. Humores habituales revelan el estado con el que estas fusionado.

Siempre es posible pasar de pensar en el final que deseas realizar, a pensar desde el final.

Pero el punto crucial es pensar desde el final, porque pensar desde, significa unificación o fusión con la idea: mientras que pensar en el final, siempre hay un sujeto y un objeto – el individuo que piensa y la cosa que piensa. Debes imaginarte a ti mismo en el estado del deseo cumplido, en tu amor por ese estado, y al hacerlo, vive y piensa desde él y ya no más en él. Tú pasas de pensar en, a pensar desde, al centrar tu imaginación en el sentimiento del deseo cumplido.

PREGUNTAS Y RESPUESTAS DE REFLEXIÓN

1. ¿Qué quiere decir Blake cuando describe toda situación humana posible como un estado "ya creado"?

- **Respuesta:** Blake sugiere que todos los escenarios y experiencias posibles ya existen como potencialidades y se vuelven reales solo cuando un individuo entra en ellos a través de su imaginación. Esto enfatiza la idea de que la realidad está determinada por nuestra percepción y compromiso mental con estos estados.

-

2. ¿En qué se diferencia el concepto de "estados" del de "individuos" según Blake?

- **Respuesta:** Blake distingue los estados de los individuos al afirmar que, si bien los estados pueden cambiar, las identidades individuales permanecen constantes. Los estados son vistos como condiciones o experiencias temporales influenciadas por nuestra conciencia, mientras que el yo imaginativo (el Hombre Real) trasciende estas fluctuaciones.

-

3. ¿Por qué se considera una experiencia trascendental el darnos cuenta de que nuestro mundo refleja nuestra actividad mental?

- **Respuesta:** Esta constatación es transformadora porque libera al individuo de la creencia en causas externas que afectan su vida. Entender que la conciencia de uno moldea su realidad le permite hacerse responsable de sus experiencias y de las circunstancias que lo rodean.

-

4. ¿Qué papel juega la imaginación en la activación de estados potenciales?

- **Respuesta:** La imaginación es el catalizador que activa estos estados potenciales. Al fusionarse con las creencias y sentimientos asociados a un estado deseado, un individuo puede convertir ese estado en realidad. Esto resalta la importancia de alinear la actividad mental con las aspiraciones para manifestarlas.

-

5. ¿Qué quiere decir el autor al decir: "La creación está terminada"?

- **Respuesta:** Esta afirmación implica que todas las creaciones y realidades posibles ya existen en el ámbito de la imaginación. Nuestra tarea es recordar y activar estos estados en lugar de crearlos desde cero. Esto enfatiza la idea del descubrimiento interior y la alineación con las posibilidades existentes.

-

6. ¿Cómo influye el cambio de creencias en las circunstancias de la vida?

- **Respuesta:** El cambio de creencias puede alterar el estado de conciencia con el que se encuentra fusionada la persona, dando lugar a experiencias y circunstancias diferentes. El autor destaca que las creencias actúan como un puente para entrar en nuevos estados, remodelando así la propia realidad.

-

7. ¿Qué sugiere la frase "piensa desde tu ideal" sobre el enfoque para manifestar los deseos?

- **Respuesta:** "Pensar desde tu ideal" alienta a las personas a encarnar y vivir como si sus deseos ya estuvieran cumplidos. Esta mentalidad promueve una conexión más profunda con el estado deseado, lo que hace que sea más probable que se manifieste en la realidad en comparación con simplemente pensar en él.

\-

8. ¿Cómo pueden los estados de ánimo habituales afectar el estado con el que se fusiona un individuo?

- Respuesta: Los estados de ánimo y los pensamientos habituales moldean nuestro paisaje emocional y mental, influyendo en los estados que ocupamos. Si uno vuelve constantemente a sentimientos positivos y empoderadores, fortalece su conexión con esos estados deseados, lo que hace que sea más probable que se manifiesten.

\-

9. ¿Qué quiere decir el autor cuando sugiere que debemos "llevar en nuestro interior la sensación del deseo cumplido como si fuera un olor fragante"?

- Respuesta: Esta metáfora sugiere que uno debe mantener el estado emocional de haber logrado sus deseos, permitiendo que éste influya en sus acciones y percepciones de manera continua. Fomenta un compromiso sostenido con sentimientos positivos que refuerzan la realidad de sus deseos.

-

10. ¿Cuál es la importancia de comprender que "la boca de Dios es la mente del hombre"?

- **Respuesta:** Esto significa que nuestros pensamientos y creencias son poderosas herramientas de creación. Implica que tenemos la autoridad de moldear nuestras experiencias a través de nuestra imaginación y procesos mentales, alineando nuestra realidad con nuestros deseos e ideales más profundos.

CAPÍTULO OCHO
LA NIÑA DEL OJO DE DIOS

¿Cuál es vuestra opinión sobre el Cristo?
¿De quién es hijo?
MATEO 22:42

Cuando se te hace esta pregunta, tu respuesta debe ser, "Cristo es mi Imaginación", y aunque

"No vemos aún todas las cosas sujetas a él",

HEBREOS 2:8,

Aun sé que yo soy María de quien tarde o temprano ÉL nacerá, y eventualmente,

"Hago las cosas a través de Cristo." (Filipenses 4: 13)

El nacimiento de Cristo no trae a ninguna persona que este a distancia, ni hace nada que no haya sido antes. Es la revelación del Hijo de Dios en el hombre.

El Señor "viene en las nubes" (Marcos 13: 26, Lucas 21: 27) es la descripción del profeta de los anillos pulsantes de luz dorada liquida en la cabeza de aquel que despierta.

La venida es desde adentro y no desde afuera, como Cristo en nosotros (Romanos 8: 10, 2 Corintios 13: 3; Gálatas 2: 20; Gálatas 4: 19; Colosenses 1: 27).

Este gran misterio

"Dios fue manifestado en la carne" (1 Timoteo 3: 16)

Comienza con la Venida de Cristo, y es apropiado que la limpieza del Templo,

"El templo son ustedes"

1 CORINTIOS 3:17

Se mantenga en la vanguardia de los misterios Cristianos:

"El Reino de los Cielos está dentro de vosotros."

LUCAS 17:21

La Venida de Cristo es la revelación del misterio de tu ser. Si practicas el arte de la revisión, al llevar una vida de acuerdo al sabio e imaginativo uso de tu discurso interno y acciones internas, confiando en que con el uso consciente de "el poder que trabaja dentro de vosotros" (Efesios 3: 20), Cristo despertará en ti; si lo crees, si confías, si actúas en él, Cristo despertará en ti. Esto es La Venida de Cristo.

"Grande es el misterio, Dios fue manifestado en la carne."

1 TIMOTEO 3:16

A partir del Adviento,

"Aquel que toca a mi pueblo, toca a la manzana del ojo de Dios."

ZACARÍAS 2:8

PREGUNTAS Y RESPUESTAS DE REFLEXIÓN

1. ¿Qué significa decir: "Cristo es mi imaginación"?

- **Respuesta:** Esta afirmación enfatiza que Cristo representa el poder creativo de la imaginación dentro de cada individuo. Sugiere que nuestra capacidad de concebir y visualizar nuestros deseos es un don divino, posicionando la imaginación como un aspecto central del despertar espiritual y la transformación personal.

-

2. ¿Cómo se relaciona el nacimiento de Cristo con el despertar del hombre interior o Segundo hombre?

- **Respuesta:** El nacimiento de Cristo simboliza la realización del yo interior y de la actividad mental. Refleja el despertar de la conciencia de los propios pensamientos y sentimientos, que son esenciales para el crecimiento personal y el desarrollo espiritual. Este despertar permite a los individuos reconocer su potencial y su divinidad inherente.

-

3. ¿De qué manera se describe el nacimiento de Cristo como una revelación y no como una creación?

- **Respuesta:** El nacimiento de Cristo se considera como la revelación de lo que ya existe dentro de nosotros, más que como la creación de algo nuevo. Destaca que Cristo, o el potencial divino, ya está presente dentro de cada individuo, esperando ser descubierto y realizado a través de la conciencia.

-

4. ¿Qué significa que "el Reino de los Cielos está dentro de vosotros"?

- **Respuesta:** Esta frase subraya la idea de que la plenitud espiritual y la presencia divina no se encuentran en el exterior, sino que son inherentes a cada persona. Exige la autoexploración y el trabajo interior para descubrir la verdadera naturaleza y el potencial divino de cada uno, reforzando la idea de la salvación interna en lugar de la externa.

-

5. ¿Cómo puede la práctica de la revisión y el uso imaginativo del habla interior conducir al despertar de Cristo en nuestro interior?

- **Respuesta:** Practicar la revisión implica reformular conscientemente los pensamientos y las percepciones sobre uno mismo y las circunstancias de uno. Al utilizar sabiamente el lenguaje y las acciones internas, las personas pueden alinear sus estados mentales con sus deseos, facilitando el despertar de su potencial interior y la realización de la conciencia crística.

-

6. ¿Qué significa que alguien toque "la niña de los ojos de Dios"?

- **Respuesta:** Esta metáfora sugiere que cada individuo es valioso y está protegido a los ojos de Dios. Significa que Dios está íntimamente consciente del camino de cada persona y está involucrado en él, lo que refuerza la idea del valor inherente y la conexión divina que existe dentro de cada uno.

-

7. ¿Cómo se relaciona el concepto de Adviento con la transformación personal?

- **Respuesta:** El Adviento representa un tiempo de preparación y despertar, que simboliza el viaje hacia la realización del potencial interior y la divinidad. Anima a las personas a participar activamente en la autorreflexión y el crecimiento, preparándose para una comprensión más profunda y la encarnación de su verdadera naturaleza.

-

8. ¿Por qué es importante confiar y actuar según el "poder que actúa en nosotros"?

- **Respuesta:** Confiar en este poder interior es crucial porque significa tener fe en la propia capacidad de crear y dar forma a la realidad a través de la imaginación y la creencia. Actuar en función de este poder es una demostración de compromiso con el crecimiento personal y el despertar espiritual, permitiendo que se desarrollen experiencias transformadoras.

-

9. ¿Qué papel juega el habla interior en el proceso del despertar espiritual?

- **Respuesta:** El diálogo interno es una herramienta poderosa para moldear pensamientos, creencias y percepciones. Al dirigir conscientemente el diálogo interno hacia ideas positivas y constructivas, las personas pueden facilitar su despertar y alinear sus estados mentales con las realidades deseadas, mejorando así su viaje espiritual.

-

10. ¿Cómo puede el reconocerte como María, de quien nacerá Cristo, cambiar tu perspectiva sobre el crecimiento personal?

- **Respuesta:** Reconocerse como María fomenta una perspectiva de empoderamiento y responsabilidad. Implica que los individuos tienen la capacidad de dar a luz sus sueños y aspiraciones a través de su conciencia e imaginación. Esta identificación fomenta una comprensión más profunda del propio papel en la manifestación del crecimiento personal y espiritual.

LA BÚSQUEDA

Por Neville Goddard
(1946)

A Victoria
El cumplimiento de un sueño

UNA VEZ, en un intervalo ocioso en el mar, medité sobre «el estado perfecto», y me pregunté qué sería yo, si tuviera ojos demasiado puros para contemplar la iniquidad, si para mí todas las cosas fueran puras y estuviera yo sin condenación. Mientras me perdía en esta ardiente cavilación, me encontré elevado por encima del oscuro ambiente de los sentidos. Tan intensa era la sensación, que me sentía un ser de fuego habitando en un cuerpo de aire. Voces como de un coro celestial, con la exaltación de los que habían sido vencedores en un conflicto con la muerte, cantaban «Ha resucitado - Ha resucitado», e intuitivamente supe que se referían a mí.

Entonces me pareció estar caminando en la noche. Pronto llegué a una escena que podría haber sido el antiguo estanque de Betesda, pues en aquel lugar yacía una gran multitud de impotentes -ciegos, paralizados, marchitos- esperando no el movimiento del agua, como es tradición, sino esperándome a mí. A medida que me acercaba, sin pensamiento ni esfuerzo por mi parte, eran, uno tras otro, moldeados como por el Mago de la Belleza. Ojos, manos, pies -todos los miembros que faltaban- fueron extraídos de algún depósito invisible y moldeados en armonía con aquella perfección que yo sentía brotar dentro de mí. Cuando todo quedó perfecto, el coro exultó: «Está terminado». Entonces la escena se disolvió y desperté.

Sé que esta visión fue el resultado de mi intensa meditación sobre la idea de la perfección, porque mis meditaciones invariablemente producen la unión con el estado contemplado. Había estado tan completamente absorto en la idea que durante un tiempo me había convertido en lo que contemplaba, y el elevado propósito con el que me había identificado en aquel momento atrajo la compañía de las cosas elevadas y modeló la visión en armonía con mi naturaleza interior. El ideal con el que estamos unidos actúa por asociación de ideas para despertar mil estados de ánimo y crear un drama acorde con la idea central.

Descubrí esta estrecha relación entre los estados de ánimo y la visión cuando tenía unos siete años. Me di cuenta de que una vida misteriosa se aceleraba dentro de mí como un océano tormentoso de una fuerza aterradora. Siempre sabía cuándo me uniría a esta identidad oculta, pues mis sentidos estaban expectantes en las noches de estas visitas y sabía sin lugar a dudas que antes de la mañana estaría a solas con la inmensidad. Temía tanto estas visitas que me quedaba despierto hasta que se me cerraban los ojos de puro cansancio. Cuando mis ojos se cerraban en el sueño, ya no estaba solo, sino que me sentía completamente unido a otro ser, y sin embargo sabía que era yo mismo. Parecía más viejo que la vida, pero más cercano a mí que mi niñez. Si cuento lo que descubrí en esas noches, no lo hago para imponer mis ideas a los demás, sino para dar esperanza a los que buscan la ley de la vida.

Descubrí que mi estado de ánimo expectante funcionaba como un imán que me unía a este Yo Mayor, mientras que mis temores lo hacían aparecer como un mar tempestuoso. De niño, concebía a este Yo misterioso como poder, y en mi unión con Él sentía su majestad como un mar tempestuoso que me empapaba, luego me revolcaba y me zarandeaba como una ola indefensa.

Como hombre lo concebí como amor y a mí mismo como hijo de Él, y en mi unión con Él, ahora, ¡qué amor me envuelve! Es un espejo para todos. Todo lo que concebimos que es, eso es para nosotros.

Creo que es el centro a través del cual se dibujan todos los hilos del universo; por lo tanto, he alterado mis valores y cambiado mis ideas para que ahora dependan y estén en armonía con esta única causa de todo lo que es. Es para mí esa realidad inmutable la que moldea las circunstancias en armonía con los conceptos que tenemos de nosotros mismos.

Mis experiencias místicas me han convencido de que no hay otro modo de alcanzar la perfección exterior que no sea transformándonos a nosotros mismos.

En cuanto consigamos transformarnos, el mundo se derretirá mágicamente ante nuestros ojos y se remodelará en armonía con aquello que nuestra transformación afirma.

Contaré otras dos visiones porque confirman la verdad de mi afirmación de que, por la intensidad del amor y del odio, nos convertimos en lo que contemplamos.

Una vez, con los ojos cerrados y radiantes de cavilación, medité sobre la eterna pregunta: «¿Quién soy yo?» y sentí que me disolvía gradualmente en un mar sin orillas de luz vibrante, pasando la imaginación más allá de todo temor a la muerte. En este estado no existía nada más que yo mismo, un océano ilimitado de luz líquida. Nunca me había sentido tan íntimo con el Ser.

No sé cuánto duró esta experiencia, pero mi regreso a la tierra fue acompañado de una clara sensación de cristalizar de nuevo en forma humana.

En otra ocasión, me tumbé en la cama y, con los ojos cerrados como en sueños, medité sobre el misterio de Buda. Al poco rato, las oscuras cavernas de mi cerebro comenzaron a volverse luminosas.

Me parecía estar rodeado de nubes luminosas que emanaban de mi cabeza como anillos ardientes y palpitantes. Durante un tiempo no vi más que estos anillos luminosos. Entonces apareció ante mis ojos una roca de cristal de cuarzo. Mientras la contemplaba, el cristal se rompió en pedazos que unas manos invisibles dieron forma rápidamente al Buda viviente. Al contemplar esta figura meditativa, vi que era yo mismo. Yo era el Buda viviente que contemplaba. Una luz como el sol resplandeció de esta imagen viva de mí mismo con intensidad creciente hasta que explotó. Entonces la luz se desvaneció gradualmente y una vez más volví a la negrura de mi habitación.

¿De qué esfera o tesoro de diseño había salido este ser más poderoso que el ser humano, sus vestiduras, el cristal, la luz? Si veía, oía y me movía en un mundo de seres reales cuando me parecía caminar en la noche, cuando el cojo, el parado, el ciego se transformaban en armonía con mi naturaleza interior, entonces estoy justificado para suponer que tengo un cuerpo más sutil que el físico, un cuerpo que puede desprenderse de lo físico y utilizarse en otras esferas; porque ver, oír, moverse son funciones de un organismo por etéreo que sea. Si medito sobre la alternativa de que mis experiencias psíquicas fueran fantasías olvidadas por mí mismo, no menos me maravillo ante este yo más poderoso que proyecta en mi mente un drama tan real como los que experimento cuando estoy completamente despierto.

En estas meditaciones ardientes he entrado una y otra vez, y sé más allá de toda duda que ambas suposiciones son ciertas. Alojado dentro de esta forma de tierra hay un cuerpo sintonizado con un mundo de luz, y yo, mediante intensa meditación, lo he levantado como con un imán a través del cráneo de esta oscura casa de carne.

La primera vez que desperté los fuegos dentro de mí pensé que mi cabeza iba a explotar. Hubo una intensa vibración en la base de mi cráneo, luego el olvido repentino de todo. Entonces me encontré vestido con una prenda de luz y unido por un cordón elástico plateado al cuerpo adormecido en la cama. Tan exaltadas eran mis sensaciones, que me sentía emparentado con las estrellas. En esta vestidura vagaba por esferas más familiares que la tierra, pero descubrí que, como en la tierra, las condiciones se moldeaban en armonía con mi naturaleza. «Fantasía egocéntrica», te oigo decir. No más que las cosas de la tierra.

Soy un ser inmortal concibiéndome como hombre y formando mundos a semejanza e imagen de mi concepto de mí mismo.

Lo que imaginamos, eso somos. Por nuestra imaginación, hemos creado este sueño de vida, y por nuestra imaginación volveremos a entrar en ese mundo eterno de luz, convirtiéndonos en aquello que éramos antes de imaginar el mundo.

En la economía divina nada se pierde. No podemos perder nada salvo por descender de la esfera donde la cosa tiene su vida natural.

No hay poder transformador en la muerte y, estemos aquí o allá, modelamos el mundo que nos rodea por la intensidad de nuestra imaginación y sentimiento, e iluminamos u oscurecemos nuestras vidas por los conceptos que tenemos de nosotros mismos. Nada es más importante para nosotros que nuestra concepción de nosotros mismos, y esto es especialmente cierto de nuestro concepto del Uno profundo y oculto dentro de nosotros.

Aquellos que nos ayudan u obstaculizan, lo sepan o no, son los servidores de esa ley que moldea las circunstancias externas en armonía con nuestra naturaleza interior.

Es la concepción que tenemos de nosotros mismos la que nos libera o nos constriñe, aunque pueda utilizar agencias materiales para lograr su propósito.

Puesto que la vida moldea el mundo exterior para reflejar la disposición interior de nuestras mentes, no hay manera de lograr la perfección exterior que buscamos si no es mediante la transformación de nosotros mismos.

No hay ayuda que venga de fuera; las colinas a las que elevamos nuestros ojos son las de una cordillera interior.

Es, pues, a nuestra propia conciencia a la que debemos dirigirnos como a la única realidad, al único fundamento sobre el que pueden explicarse todos los fenómenos. Podemos confiar absolutamente en la justicia de esta ley para darnos sólo lo que es de la naturaleza de nosotros mismos

Intentar cambiar el mundo antes de cambiar nuestro concepto de nosotros mismos es luchar contra la naturaleza de las cosas. No puede haber cambio exterior mientras no haya primero un cambio interior. Como es dentro, es fuera. No estoy abogando por la indiferencia filosófica cuando sugiero que nos imaginemos que ya somos lo que queremos ser, viviendo en una atmósfera mental de grandeza, en lugar de utilizar medios físicos y argumentos para provocar el cambio deseado.

Todo lo que hacemos, si no va acompañado de un cambio de conciencia, no es más que un fútil reajuste de superficies. Por mucho que nos esforcemos o luchemos, no podemos recibir más de lo que afirman nuestras suposiciones subconscientes.

Protestar contra cualquier cosa que nos suceda es protestar contra la ley de nuestro ser y contra el gobierno de nuestro propio destino.

Las circunstancias de mi vida están demasiado estrechamente relacionadas con mi concepción de mí mismo como para no haber sido lanzadas por mi propio espíritu desde algún almacén mágico de mi ser.

Si hay dolor para mí en estos sucesos, debo buscar dentro de mí la causa, pues soy movido aquí y allá y se me hace vivir en un mundo en armonía con el concepto que tengo de mí mismo.

La meditación intensa produce una unión con el estado contemplado, y durante esta unión vemos visiones, tenemos experiencias y nos comportamos de acuerdo con nuestro cambio de conciencia. Esto nos muestra que una transformación de la conciencia dará lugar a un cambio del entorno y del comportamiento.

Sin embargo, nuestras alteraciones ordinarias de conciencia, al pasar de un estado a otro, no son transformaciones, porque a cada una de ellas le sucede rápidamente otra en sentido inverso; pero siempre que un estado se estabiliza tanto como para expulsar definitivamente a sus rivales, entonces ese estado habitual central define el carácter y es una verdadera transformación. Decir que estamos transformados significa que ideas anteriormente periféricas en nuestra conciencia ocupan ahora un lugar central y forman el centro habitual de nuestra energía.

Todas las guerras demuestran que las emociones violentas son extremadamente potentes a la hora de precipitar reorganizaciones mentales. A cada gran conflicto le ha seguido una era de materialismo y codicia en la que los ideales por los que aparentemente se libró el conflicto quedan sumergidos.

Esto es inevitable porque la guerra evoca el odio, que impulsa un descenso de la conciencia desde el plano del ideal al nivel en el que se libra el conflicto.

Si nos emocionáramos tanto por nuestros ideales como por nuestras aversiones, ascenderíamos al plano de nuestros ideales con la misma facilidad con la que ahora descendemos al nivel de nuestros odios.

El amor y el odio tienen un mágico poder transformador, y crecemos a través de su ejercicio en la semejanza de lo que contemplamos. Mediante la intensidad del odio creamos en nosotros el carácter que imaginamos en nuestros enemigos. **Las cualidades mueren por falta de atención, por lo que los estados antipáticos podrían eliminarse mejor imaginando «belleza en lugar de cenizas y alegría en lugar de luto» [Isaías 61:3] que mediante ataques directos al estado del que nos liberaríamos.**

«Pensad en todo lo que es bello y de buen nombre» [Filipenses 4:8], porque nos convertimos en aquello con lo que estamos en relación.

No hay nada que cambiar, salvo el concepto que tenemos de nosotros mismos.

La humanidad es un ser único a pesar de sus múltiples formas y rostros, y sólo existe en ella la separación aparente que encontramos en nuestro propio ser cuando soñamos.

Las imágenes y circunstancias que vemos en sueños son creaciones de nuestra imaginación y sólo existen en nosotros mismos. Lo mismo ocurre con las imágenes y circunstancias que vemos en este sueño de la vida. Revelan el concepto que tenemos de nosotros mismos. Tan pronto como consigamos transformarnos a nosotros mismos, nuestro mundo se disolverá y se remodelará en armonía con aquello que afirma nuestro cambio.

El universo que estudiamos con tanto cuidado es un sueño, y nosotros los soñadores del sueño, soñadores eternos soñando sueños no eternos. Un día, como Nabucodonosor, despertaremos del sueño, de la pesadilla en la que luchamos con los demonios, para descubrir que en realidad nunca abandonamos nuestro hogar eterno; que nunca nacimos y nunca hemos muerto salvo en nuestro sueño.

PREGUNTAS Y RESPUESTAS DE REFLEXIÓN

1. ¿Qué sugiere Goddard sobre la relación entre la transformación interior y la realidad exterior?

- **Respuesta:** Goddard sugiere que nuestra realidad exterior es un reflejo directo de nuestro estado interior. Sostiene que transformando nuestra conciencia y el concepto que tenemos de nosotros mismos, podemos cambiar nuestras circunstancias externas. Esta relación entre pensamientos interiores y mundo exterior implica que nuestras experiencias están moldeadas por nuestra imaginación y la creencia en nuestro propio concepto de nosotros mismos.

-

2. ¿Cómo describe Goddard el papel del amor y el odio en la formación de nuestra conciencia?

- **Respuesta:** Goddard destaca que tanto el amor como el odio tienen poderes transformadores, moldeando nuestro carácter y estado de ser según aquello en lo que nos concentremos intensamente. Subraya que al contemplar nuestros ideales con tanta intensidad como lo hacemos con lo que nos desagrada, podemos elevarnos a un plano superior alineado con esos ideales. De este modo, sugiere que, al centrarnos en las cualidades positivas, podemos «borrar» los estados desagradables sin enfrentarnos directamente a ellos.

-

3. ¿Qué quiere decir Goddard con «nos convertimos en lo que contemplamos»? ¿Cómo influye esto en su concepto de autotransformación?

- **Respuesta:** Goddard cree que aquello en lo que nos concentramos intensamente se convierte en parte de nuestra identidad. Sugiere que, al contemplar profundamente estados positivos, atraemos esos estados a nuestro ser, encarnando las cualidades de lo que imaginamos. Este principio es fundamental en su concepto de autotransformación, ya que nos anima a identificarnos con las cualidades a las que aspiramos en lugar de con las que deseamos dejar atrás.

-

4. Según Goddard, ¿qué papel desempeña la meditación intensa en la transformación personal?

- **Respuesta:** En opinión de Goddard, la meditación intensa nos permite unirnos con un «Yo Mayor» o estado superior de conciencia. A través de este proceso, accedemos a visiones y experiencias alineadas con nuestra transformación interior. Él cree que durante la meditación, uno puede elevarse más allá de las limitaciones físicas para alinearse más estrechamente con su yo ideal, lo que conduce a un cambio duradero en la conciencia.

-

5. ¿Cómo se relaciona la idea de «fantasía autoconcebida» con el concepto de realidad en la visión de Goddard?

- **Respuesta:** Goddard utiliza «fantasía auto-engendrada» para describir las experiencias creadas por nuestra conciencia, tanto en la vida de vigilia como durante la meditación. Sugiere que la realidad que percibimos es una construcción de nuestra imaginación, lo que implica que cada uno de nosotros creamos nuestro mundo basándonos en creencias y estados internos. Esta perspectiva indica que alterar nuestras creencias puede cambiar nuestra experiencia de la realidad.

-

6. ¿Cuál es la interpretación de Goddard sobre los sueños y su papel en la comprensión del yo interior?

- **Respuesta:** Goddard ve los sueños como una extensión de la imaginación y el concepto de uno mismo, donde las circunstancias reflejan nuestro estado interior. Sugiere que la vida misma es un sueño moldeado por la imagen que tenemos de nosotros mismos y que, al transformar esa imagen, modificamos tanto nuestra vida onírica como nuestra vida despierta. Esta idea postula que comprender los sueños puede ayudarnos a comprender nuestras verdaderas creencias y estados emocionales.

-

7. ¿Cómo interpreta Goddard la cita bíblica: «Todo lo que es bello y de buen nombre, en esto pensad»?

- **Respuesta:** Goddard interpreta esta cita como una guía para centrarnos en cualidades positivas y edificantes, que él cree que transformarán de forma natural nuestra vida interior y exterior. Al pensar en las cosas buenas y agradables, llevamos esas cualidades a nuestra conciencia, atrayendo así experiencias similares y alineando nuestro mundo exterior con esos estados positivos.

TEMAS CLAVE

LA IMAGINACIÓN COMO VERDADERO PODER CREATIVO

En su obra, Neville Goddard subraya la idea de que la imaginación es el verdadero y fundamental poder creativo en el núcleo de la existencia. Afirma que todas las cosas del mundo nacen gracias a la imaginación. Según Goddard, la realidad externa que experimentan las personas no es un fenómeno independiente u objetivo, sino una proyección de sus pensamientos y estados mentales internos. Sostiene que todas las manifestaciones de la vida -éxito, fracaso, felicidad o adversidad- se originan en la mente, formándose primero como una imagen mental o suposición antes de convertirse en una experiencia tangible en el mundo material.

La filosofía de Goddard postula que la imaginación tiene supremacía sobre la razón, la percepción sensorial y las circunstancias externas. Explica que los seres humanos poseen la capacidad de modelar su entorno y sus condiciones dirigiendo sus facultades imaginativas. Cuando los individuos imaginan vívidamente un estado o resultado deseado, alineando sistemáticamente sus pensamientos y sentimientos con esa visión, llevan efectivamente ese estado a la realidad. La imaginación, tal y como la describe Goddard, no es sólo una herramienta pasiva de fantasía, sino una fuerza activa y creativa que moldea y esculpe el mundo.

Goddard afirma además que todo lo que las personas encuentran en su vida es un reflejo de las creencias e imágenes que tienen en su mente. Así, la imaginación se convierte en la puerta de entrada a la transformación. Cambiando las concepciones internas y utilizando conscientemente el poder de la imaginación, las personas pueden alterar su realidad externa para que coincida con sus deseos más íntimos. Esta perspectiva invita a las personas a responsabilizarse plenamente de sus experiencias, comprendiendo que son los creadores de su mundo a través del uso -o mal uso- de su imaginación.

-

IMAGINACIÓN Y ESPIRITUALIDAD

En la filosofía de Neville Goddard, un tema central gira en torno a la identificación de la imaginación con Cristo. Para Goddard, Cristo no debe entenderse como una figura histórica o una entidad divina externa y distante, sino más bien como una representación simbólica de la imaginación humana. Goddard reinterpreta la narrativa cristiana tradicional, proponiendo que la figura de Cristo encarna el poder creativo de cada individuo, concretamente a través de su imaginación. Este punto de vista radical desplaza la atención del culto externo a una deidad al reconocimiento interior del propio potencial divino.

Goddard subraya que la verdadera salvación espiritual y la autorrealización no proceden de la adhesión a dogmas o rituales religiosos, sino del uso consciente y deliberado de la imaginación. Sostiene que la presencia de Cristo está dentro de cada persona como su facultad imaginativa, y que el despertar espiritual se produce cuando un individuo toma conciencia de este poder. Desde este punto de vista, la vida de Cristo, incluida su muerte y resurrección, sirve como metáfora de la transformación que pueden experimentar las personas al morir a sus viejas y limitadas creencias y resucitar a un nuevo estado de conciencia mediante actos imaginativos.

Al ejercitar conscientemente la imaginación, las personas pueden trascender las limitaciones de su mundo físico y lograr su propia iluminación espiritual. Goddard sugiere que, al igual que Cristo hizo milagros y perdonó pecados, los seres humanos, mediante el poder de la imaginación, pueden alcanzar sus deseos y superar las limitaciones del mundo material. Desde este punto de vista, la imaginación no es sólo una herramienta creativa, sino la clave de la experiencia y la realización divinas. Anima a la gente a abrazar la idea de que la historia de Cristo es la historia de su propia imaginación, capaz de crear realidad, sanar y, en última instancia, conducir a la transformación espiritual.

-

LA FE COMO IMAGINACIÓN SOSTENIDA

En las enseñanzas de Neville Goddard, el concepto de fe está íntimamente ligado al uso sostenido de la imaginación. Presenta la fe no sólo como una creencia en algo que no se ve o que se espera, sino como la capacidad deliberada y persistente de mantener un estado imaginado hasta que se convierte en una realidad tangible. Este es un tema recurrente y significativo en su obra, en la que la fe se redefine como un compromiso activo y continuo con la propia imaginación para lograr el resultado deseado.

Goddard explica que la fe opera a través del proceso que él llama «vivir desde el final». Este proceso implica que los individuos se imaginen a sí mismos como si ya hubieran alcanzado sus metas, deseos o aspiraciones. En lugar de esperar o desear un resultado concreto, se anima a las personas a situarse mental y emocionalmente en la posición de haberlo alcanzado ya. Para Goddard, esta postura mental es crucial; requiere que las personas actúen y piensen desde la perspectiva de sus deseos cumplidos, en lugar de limitarse a pensar en ellos o anhelarlos.

Según Goddard, al vivir continuamente en el estado emocional y mental del deseo ya cumplido, una persona moldea eficazmente las circunstancias externas para que se alineen con esa realidad imaginada. Destaca que este tipo de fe exige persistencia y concentración, ya que la persona debe resistir la tentación de volver a una mentalidad de carencia o duda. La verdadera prueba de la fe, según Goddard, reside en la capacidad de aferrarse inquebrantablemente a esta visión, independientemente de las apariencias o las condiciones externas del momento.

Este planteamiento cuestiona las ideas convencionales de fe, en las que la creencia suele ser pasiva o dependiente de fuerzas externas. En cambio, la visión de Goddard de la fe como imaginación sostenida sitúa al individuo en el papel de creador, con el poder de manifestar sus deseos mediante el uso disciplinado de su visión interior. Enseña que, al encarnar el sentimiento del deseo cumplido y mantener ese sentimiento, los individuos activan el poder creativo de su imaginación para hacer surgir la realidad que desean.

-

REVISAR EL DÍA Y EL PERDÓN

Neville Goddard introduce en sus enseñanzas una práctica profunda y transformadora llamada «revisar el día». Este ejercicio consiste en revivir mentalmente los acontecimientos del día y corregir o remodelar activamente los momentos que no se ajustaron a los resultados ideales. Según Goddard, mediante esta práctica de revisión, las personas pueden aprovechar su poder creativo y provocar cambios positivos en sus vidas. Es un método para tomar el control de las experiencias pasadas reimaginándolas de forma que reflejen el resultado deseado.

Goddard subraya que este proceso de revisión está estrechamente vinculado al concepto de perdón. En su singular interpretación, el perdón no es simplemente el acto de perdonar a alguien por una mala acción, sino que consiste fundamentalmente en liberar y transformar acontecimientos pasados mediante el poder de la imaginación. Para él, perdonar significa imaginar situaciones del pasado como deberían haber sido idealmente, alterando así el impacto emocional y mental de esas experiencias. Al revisar los momentos indeseables y sustituirlos mentalmente por la versión ideal, la persona se perdona a sí misma y a los demás por los resultados que no se ajustaron a sus aspiraciones más elevadas.

Esta práctica diaria de revisión pretende liberar el potencial creativo latente del individuo, permitiéndole remodelar su realidad alterando su percepción del pasado. Goddard explica que la mente humana tiende a aferrarse a experiencias negativas o limitantes, que pueden crear bloqueos emocionales e impedir la manifestación de los propios deseos. Al revisar conscientemente esos momentos, la persona puede liberarse de esas limitaciones y experimentar libertad psicológica y emocional.

La técnica de revisión también sirve como herramienta de transformación personal. Al revisar los acontecimientos e imaginarlos de forma diferente, las personas cultivan una mentalidad que se alinea constantemente con sus ideales. Este ejercicio mental repetido refuerza el pensamiento positivo y las respuestas emocionales constructivas, remodelando gradualmente tanto las creencias internas como las experiencias externas. Para Goddard, se trata de un camino hacia el autodominio, ya que el individuo aprende a responsabilizarse de sus reacciones mentales y emocionales, comprendiendo que la realidad viene determinada por la forma en que uno percibe e interpreta los acontecimientos.

El acto de revisión se convierte en una oportunidad diaria de crecimiento y curación. Cada noche, cuando una persona repasa y revisa su día, está «perdonando» metafóricamente los defectos del día y empezando de nuevo. Este proceso continuo de corrección mental ayuda a crear una nueva narrativa, alineada con los deseos y aspiraciones de la persona. Al revisar los acontecimientos del día, los individuos pueden transformar gradualmente toda su vida, alineando su mundo interior con la realidad exterior que desean experimentar.

En opinión de Goddard, el poder del perdón a través de la revisión es un aspecto esencial para vivir una vida creativa y plena. Mediante esta práctica, las personas pueden ajustar continuamente su mundo interior, lo que les permite manifestar una realidad que refleja sus ideales más elevados. Así, la revisión se convierte no sólo en una herramienta para sanar el pasado, sino en un método para moldear el futuro en armonía con los propios sueños y deseos.

-

LA REALIDAD COMO PROYECCIÓN DEL ESTADO INTERIOR

Las enseñanzas de Neville Goddard presentan el concepto de que la realidad es fundamentalmente una proyección del estado interior de cada individuo. En el núcleo de su filosofía se encuentra la creencia de que el mundo exterior, con todas sus circunstancias, acontecimientos y relaciones, no es independiente ni aleatorio, sino que está directamente moldeado por la conciencia interna del individuo. Goddard sostiene que nuestros pensamientos, creencias, emociones y suposiciones actúan conjuntamente para proyectar el mundo que experimentamos. Así, la realidad con la que se encuentran las personas no es más que un reflejo de sus estados mentales y emocionales internos.

Goddard insiste en que, para cambiar las circunstancias externas, primero hay que cambiar el estado de conciencia. Para él, la mente es la creadora de toda experiencia y, al alterar nuestro mundo interior -a través de la imaginación, el pensamiento y los sentimientos-, las condiciones externas cambiarán de forma natural para reflejar este nuevo estado. Sostiene que el mundo que nos rodea, incluidos nuestros éxitos, fracasos, relaciones y entorno, es un espejo de nuestras creencias y percepciones internas. Por lo tanto, si una persona quiere transformar cualquier aspecto de su vida, debe empezar por transformar su estado interior.

Esta perspectiva requiere que los individuos adopten un cambio profundo en su percepción de la realidad. Goddard defiende que, en lugar de centrarse en factores o circunstancias externas como causas del éxito o el fracaso, uno debe volverse hacia dentro y darse cuenta de que la verdadera causa de todas las experiencias reside en el interior. Dominando su imaginación y sus pensamientos, los individuos pueden ganar control sobre su realidad. Goddard enseña que no basta con reaccionar ante el mundo, sino que hay que convertirse en creador activo de la propia experiencia eligiendo conscientemente el estado interior.

Para facilitar este cambio de percepción, Goddard concede gran importancia al poder de la imaginación como herramienta para moldear la realidad. Anima a las personas a imaginar vívidamente los resultados que desean, sintiendo y actuando como si ya los hubieran conseguido. Esta práctica imaginativa, cuando se mantiene, empieza a alterar el estado interno de conciencia, lo que a su vez transforma el mundo externo para alinearlo con esas visiones internas. Goddard explica que la imaginación no es una facultad pasiva, sino la principal fuerza creativa con la que los individuos moldean sus vidas.

El pensamiento también desempeña un papel crucial en este proceso. Goddard enseña que los patrones de pensamiento habituales -ya sean positivos o negativos- moldean constantemente la realidad que experimentan las personas. Goddard advierte contra los pensamientos de carencia, miedo o limitación, ya que se manifiestan en el mundo exterior. En su lugar, insta a las personas a cultivar pensamientos de abundancia, éxito y plenitud, alineando su estado interior con la vida que desean llevar. Al hacerlo, ponen en marcha el proceso creativo que hace realidad sus deseos.

Las enseñanzas de Goddard desafían la visión convencional de que las condiciones externas dictan la experiencia interior. Por el contrario, invierte esta noción y afirma que la conciencia interior es la verdadera causa y el mundo exterior no es más que un efecto. Anima a las personas a asumir la plena responsabilidad de sus vidas, reconociendo que tienen el poder de cambiar su realidad cambiándose a sí mismas. Este cambio de percepción capacita a las personas para dejar de verse como víctimas de las circunstancias y empezar a verse como creadores de su propia experiencia.

La idea de Goddard de que la realidad es una proyección del estado interior promueve un replanteamiento radical de cómo se moldean la vida y las circunstancias. Dominando la imaginación y los pensamientos, los individuos pueden alterar fundamentalmente su realidad externa. Goddard defiende que, mediante este profundo cambio de percepción, las personas pueden aprovechar el poder de su conciencia interior para crear la vida que realmente desean, transformando en el proceso tanto su mundo interior como el exterior.

-

DISCIPLINA INTERNA Y CONTROL CONSCIENTE

En las enseñanzas de Neville Goddard, la disciplina interna y el control consciente se presentan como herramientas esenciales para moldear y dirigir la propia vida. Destaca que los pensamientos y el diálogo interior de un individuo son las fuerzas motrices de las experiencias que manifiesta en el mundo exterior. El documento subraya la importancia de cultivar la capacidad de controlar conscientemente estas conversaciones interiores, ya que desempeñan un papel crucial a la hora de determinar el curso de la propia vida y la realización de sus deseos.

Goddard explica que la mente está continuamente activa, entablando un diálogo interno continuo que refleja las creencias, miedos, esperanzas y expectativas del individuo. Estas conversaciones internas, deliberadas o inconscientes, son poderosas fuerzas creativas. Moldean la forma en que una persona se percibe a sí misma, sus circunstancias y el mundo que la rodea. Según Goddard, cuando una persona deja que sus pensamientos vaguen sin rumbo o están dominados por creencias negativas o limitantes, crea inadvertidamente circunstancias que reflejan esos estados internos. Por lo tanto, el control consciente de los pensamientos es necesario para dirigir la vida hacia los resultados deseados.

El documento subraya que alinear el diálogo interior de cada uno con sus metas y deseos es clave para manifestar esos deseos en la realidad. Goddard enseña que al dirigir intencionadamente los pensamientos hacia el cumplimiento de las propias aspiraciones, las personas pueden empezar a influir en sus circunstancias externas. Esto implica algo más que simplemente pensar en positivo; requiere una concentración disciplinada y sostenida en el resultado deseado, unida a la convicción emocional de que ya se ha conseguido. Goddard anima a las personas a entablar constantemente conversaciones internas que afirmen sus objetivos, como imaginar el éxito, la abundancia, la salud o cualquier otro estado deseado como si ya fuera una realidad presente.

Para Goddard, esta práctica de diálogo interior consciente es una forma de disciplina mental que refuerza la capacidad de cada uno para moldear su realidad. Al tomar el control de su mundo interior, las personas adquieren el poder de remodelar su mundo exterior. Sostiene que la mayoría de las personas sabotean sus deseos sin saberlo al permitir que la duda, el miedo o los pensamientos contradictorios dominen su mente. Estos diálogos internos contradictorios crean resistencia, impidiendo la manifestación de sus objetivos. Para superarlo, Goddard aboga por la práctica de ensayar deliberadamente conversaciones interiores positivas y orientadas a los objetivos hasta que se conviertan en habituales.

Goddard considera esta disciplina mental como un camino hacia el autodominio. Enseña que, mediante el control consciente y persistente de los propios pensamientos, las personas pueden trascender las limitaciones impuestas por las circunstancias externas o los condicionamientos del pasado. Esta disciplina interna permite a la persona centrarse en su visión, incluso cuando se enfrenta a obstáculos o contratiempos en el mundo exterior. Al mantener la alineación entre su diálogo interior y los resultados deseados, la persona sigue avanzando hacia la consecución de sus objetivos, independientemente de los desafíos temporales.

Goddard sugiere que no basta con tener pensamientos positivos o un diálogo interior constructivo de forma esporádica. Por el contrario, los individuos deben cultivar un enfoque continuo y disciplinado, alineando regularmente sus pensamientos y conversaciones con sus aspiraciones. Este enfoque persistente refuerza el poder creativo de la imaginación, permitiéndole manifestar los resultados deseados con mayor eficacia. Con el tiempo, a medida que las personas se vuelven más expertas en controlar su diálogo interior, empiezan a ver resultados tangibles en su vida exterior.

El énfasis de Neville Goddard en la disciplina interna y el control consciente de los pensamientos refleja su creencia de que los individuos son los creadores de su propia realidad. Al alinear sus conversaciones internas con sus deseos y objetivos, pueden guiar el curso de sus vidas y hacer que sus aspiraciones se manifiesten. Las enseñanzas de Goddard fomentan un compromiso profundo y sostenido con la disciplina mental, y capacitan a las personas para tomar las riendas de su destino dominando sus pensamientos y su diálogo interior. Esta práctica es el núcleo de su filosofía de la creación consciente, en la que la mente se convierte en el arquitecto de la propia experiencia.

CONCLUSIÓN

Resumen de las Principales Enseñanzas

La filosofía de Neville Goddard se centra en la idea de que la imaginación es la fuerza creadora de la realidad. Utilizando conscientemente nuestra imaginación, podemos dar forma a nuestro mundo y manifestar nuestros deseos más profundos. Las prácticas clave implican vivir en el fin, cultivar el sentimiento del deseo cumplido y persistir en las suposiciones hasta que se hagan realidad. La imaginación, la creencia y la emoción están en el centro de la creación de una vida alineada con los propios sueños.

PLAN DE ACCIÓN PARA LA APLICACIÓN DIARIA

1. Establecer intenciones claras:

   - Práctica diaria: Comience cada día fijándose un objetivo o deseo específico. Escríbalo en tiempo presente, como si ya hubiera sucedido (por ejemplo: «Tengo éxito en mi carrera»).

2. Visualiza el resultado final:

   - Práctica diaria: Tómese de 10 a 15 minutos cada mañana o antes de acostarse para imaginar vívidamente el resultado deseado. Véase a sí mismo en la situación que desea, sintiendo plenamente las emociones de haberlo conseguido ya.

3. Utilice un lenguaje interno positivo:

   - Práctica diaria: A lo largo del día, controle sus conversaciones internas. Sustituya cualquier pensamiento negativo o limitante por afirmaciones que reflejen su realidad deseada (por ejemplo, «Tengo confianza en mí mismo y soy capaz»).

4. Encarna el sentimiento de plenitud:

   - Práctica diaria: A lo largo del día, actúe como si su objetivo ya se hubiera alcanzado. Camine, hable y piense desde la perspectiva de alguien que ya ha manifestado sus deseos.

5. Aplique la Técnica de Revisión:
   - Práctica Semanal: Al final de cada día, repase cualquier experiencia negativa y revísela mentalmente. Imagina cómo podría haber ido mejor la situación y aférrate a esa nueva versión como tu realidad.

6. Persistencia y paciencia:
   - Práctica continua: Persiste en tus suposiciones, incluso cuando las circunstancias externas aún no se alineen con tus deseos. Recuerda que la realidad refleja tus pensamientos dominantes, así que sigue imaginando el resultado deseado hasta que se manifieste.

GLOSARIO DE CONCEPTOS CLAVE

1. Imaginación
   - Definición: Para Goddard, la imaginación no es sólo la capacidad de imaginar cosas en la mente, sino la fuerza creativa que da forma a la realidad. Enseña que la imaginación es divina y tiene el poder de manifestar cualquier resultado deseado cuando se dirige adecuadamente.
   - Por ejemplo: Visualizarse viviendo en la casa de sus sueños es el primer paso para hacerla realidad.

2. Vivir en el fin
   - Definición: Se refiere a sentir y actuar como si el resultado deseado ya se hubiera producido. En lugar de esperar los resultados, Goddard enseña que debes adoptar las emociones y la mentalidad de haber alcanzado ya tu objetivo.
   - Ejemplo: Si quieres un ascenso, actúa y siéntete como si ya hubieras sido ascendido, lo que ayuda a que exista.

3. Suposición
   - Definición: La idea de Goddard de la suposición es el acto de aceptar algo como cierto en tu mente, incluso si todavía no se ha manifestado en el mundo físico. Persistir en esta suposición acabará por convertirse en realidad.

- Por ejemplo: Asumir que eres rico, incluso cuando tu cuenta bancaria dice lo contrario, te llevará al éxito financiero.

4. Siéntelo real

- Definición: Técnica en la que te sumerges en la sensación de haber alcanzado ya tu deseo. Las emociones que siente al imaginar que su objetivo se ha cumplido son cruciales para manifestarlo.

- Ejemplo: Si quieres atraer el amor, siente la alegría y la emoción de estar ya en una relación feliz.

5. La Ley de la Suposición

- Definición: Este es el principio de que cualquier cosa que usted asuma como verdad, consistente y persistentemente, se convertirá en su realidad. Enfatiza la importancia de la creencia y la mentalidad en la creación de resultados.

- Ejemplo: Si consistentemente asumes que tienes éxito en tu carrera, las circunstancias se alinearán para hacer de eso tu realidad.

6. Revisión

- Definición: Técnica utilizada para reescribir mentalmente las experiencias negativas del pasado. Al revisar mentalmente un acontecimiento del pasado hacia un resultado positivo, puede cambiar la forma en que influye en su presente y futuro.

- Ejemplo: Si tuviste una mala entrevista de trabajo, puedes revisar el recuerdo para imaginar que salió bien, lo que te ayudará a mejorar tus perspectivas laborales futuras.

7. La mente subconsciente

- Definición: Según Goddard, la mente subconsciente es la parte de ti que conecta directamente con el poder creativo del universo. Acepta tus pensamientos y creencias sin cuestionarlos, manifestándolos en la realidad física.

- Por ejemplo: Los pensamientos de abundancia mantenidos constantemente en tu subconsciente atraerán oportunidades financieras.

8. El deseo cumplido

- Definición: Se refiere a vivir mentalmente en el estado en el que tu deseo ya se ha cumplido. Se trata de encarnar las emociones, acciones y pensamientos de alguien cuyo deseo ya se ha hecho realidad.

- Ejemplo: Si deseas viajar, imagínate ya en el viaje, disfrutando del destino.

9. Autoconcepto

- Definición: Goddard enseña que la forma en que te ves a ti mismo determina lo que experimentas. Cambiar tu autoconcepto para alinearlo con tus deseos es crucial para la manifestación.

- Ejemplo: Si te ves a ti mismo como seguro de ti mismo y con éxito, tu realidad reflejará esa identidad.

LECTURAS RECOMENDADAS

1. "El poder de la conciencia" de Neville Goddard
- Este libro explora más a fondo el concepto de conciencia y cómo la consciencia juega un papel crucial en la configuración de la realidad. Complementa a Imaginación Despierta al profundizar en la relación entre la autoconciencia y la manifestación.

2. "El sentimiento es el secreto" de Neville Goddard
- Un texto clave que enfatiza la importancia de la emoción en el proceso de manifestación. Goddard explica cómo cultivar el sentimiento de tu deseo cumplido es el secreto para hacerlo realidad.

3. "Piense y hágase rico" de Napoleon Hill
- Aunque no trata específicamente sobre la imaginación, este libro analiza el poder del pensamiento y la creencia para alcanzar el éxito, en consonancia con las enseñanzas de Goddard sobre el papel del enfoque mental en la configuración de las experiencias de vida.

4. "La ley de la atracción" de Esther y Jerry Hicks
- Este clásico moderno profundiza en la Ley de Atracción, un concepto estrechamente relacionado con las enseñanzas de Neville. Proporciona una guía práctica sobre cómo alinear los pensamientos y las emociones para atraer los resultados deseados.

5. "Visualización creativa" de Shakti Gawain

- Este libro es una guía práctica sobre técnicas de visualización para manifestar objetivos, que resuena con el énfasis de Goddard en el uso de la imaginación como fuerza creativa.

6. "El poder del ahora" de Eckhart Tolle

- El trabajo de Tolle, aunque no se centra en la manifestación, se ocupa de la conciencia y de estar presente en el momento. Puede servir como un complemento útil para comprender cómo dirigir la conciencia, de manera similar a los principios de Neville.

7. "Como un hombre piensa" de James Allen

- Este texto filosófico analiza cómo los pensamientos influyen en el carácter y el destino, alineándose con la creencia de Neville de que la mente crea la realidad.

8. "Tú eres el placebo" del Dr. Joe Dispenza

- Dispenza fusiona la neurociencia con los principios de manifestación, explicando cómo los pensamientos y las creencias pueden afectar tanto la salud física como la emocional. Este enfoque científico puede enriquecer la comprensión de las enseñanzas de Neville sobre el poder de la mente.

CRONOLOGÍA DE LA VIDA DE NEVILLE GODDARD

1905:

- Neville Lancelot Goddard nació el 19 de febrero en St. Michael, Barbados, en el seno de una familia británica. Es el cuarto hijo de una familia de nueve varones y una niña.

1922:

- A los 17 años, Neville se muda a la ciudad de Nueva York para estudiar teatro. Trabaja como actor y bailarín en el escenario y en películas mudas, actuando en Broadway, en películas mudas y haciendo giras por Europa con una compañía de danza.

1923:

- Neville se casa brevemente con Mildred Mary Hughes. Tienen un hijo, Joseph Goddard, nacido en 1924.

1929:

- Neville marca este año como el inicio de su viaje místico. Recuerda una experiencia espiritual: "Fui llevado en espíritu al Consejo Divino donde los dioses conversan".

1931:

- Después de años de estudiar lo oculto, Neville conoce a su maestro Abdullah, un hombre negro con turbante y de ascendencia judía. Trabajan juntos durante cinco años en la ciudad de Nueva York.

1938:
- Neville comienza su propia carrera como docente y conferenciante, compartiendo sus conocimientos místicos.

1939:
- Neville publica su primer libro, A Tus Órdenes.

1940-1941:
- Neville conoce a su segunda esposa, Catherine Willa Van Schumus .

1941:
- Neville publica su segundo libro, Tu fe es tu fortuna.

1942:
- Neville se casa con Catherine y tienen una hija, Victoria, más tarde ese mismo año. También publica Libertad para todos: una aplicación práctica de la Biblia.

1942-1943:
- De noviembre a marzo, Neville sirve en el ejército y luego regresa a Greenwich Village, Nueva York. En 1943, aparece un perfil suyo en The New Yorker.

1944:
- Neville publica El sentimiento es el secreto.

1945:

- Neville publica La oración: el arte de creer.

1946:

- Neville conoce al filósofo Israel Regardie , quien lo perfila en El romance de la metafísica. También publica un panfleto, La búsqueda.

1948:

- Neville imparte sus famosas conferencias "Cinco lecciones" en Los Ángeles, que luego se publican póstumamente como libro.

1949:

- Neville publica Fuera de este mundo: Pensar en cuarta dimensión.

1952:

- Neville publica El poder de la conciencia.

1954:

- Neville publica Imaginación Despierta.

1955:

- Neville comienza a presentar programas de radio y televisión en Los Ángeles.

1956:

- Neville publica Semilla y cosecha: Una visión mística de las Escrituras.

1959:
- Neville experimenta un profundo evento místico, describiéndolo como un renacimiento de su propio cráneo, seguido de otras experiencias místicas.

1960:
- Neville lanza un álbum de palabra hablada.

1961:
- Neville publica La ley y la promesa. El capítulo final, "La promesa", detalla la experiencia mística de 1959 y las experiencias posteriores.

1964:
- Neville publica el panfleto Él rompe la cáscara: Una lección en las Escrituras.

1966:
- Neville publica su último libro completo, Resurrección, que describe su visión mística y el potencial de la humanidad para realizar su naturaleza divina.

1972:
- Neville muere el 1 de octubre a los 67 años en West Hollywood, al parecer de un ataque cardíaco. Está enterrado en la parcela familiar en St. Michael, Barbados.

ACERCA DE LOS AUTORES

Neville Goddard

Fue un pensador místico profundo e influyente del siglo XX. Sus enseñanzas se centraban en el concepto radical y empoderador de que la imaginación humana es la verdadera manifestación de Dios. Creía que todo en la vida de una persona, ya sea positivo o negativo, es resultado de sus pensamientos, sentimientos y estados imaginativos.

La infancia de Neville estuvo marcada por su crianza en Barbados, donde nació en 1905 en una familia anglicana. A los 17 años, se mudó a la ciudad de Nueva York en 1922 para dedicarse al teatro. Aunque alcanzó el éxito como actor y bailarín, actuando en Broadway y en películas mudas, su vida dio un giro radical a principios de la década de 1930. Dejó atrás su carrera de actor para sumergirse en el estudio de la metafísica.

Bajo la influencia de su mentor, Abdullah, una misteriosa figura de ascendencia africana y judía, Neville comenzó a explorar principios espirituales profundos que combinaban el cristianismo con el misticismo. Se embarcó en una carrera como escritor y conferenciante, utilizando su carisma e intelecto para dar charlas impactantes en iglesias metafísicas, centros espirituales y lugares públicos. Sus enseñanzas se centraban especialmente en el poder del pensamiento y la imaginación como la fuerza creativa suprema.

A pesar de no alcanzar una fama generalizada durante su vida, la influencia de Neville ha crecido significativamente desde su muerte en 1972. Sus obras, en particular sus libros como Sentir Es El Secreto, El Poder De La Conciencia y La Ley y La Promesa, ahora se consideran precursores de las ideas modernas sobre la mecánica cuántica y el poder de la conciencia para dar forma a la realidad.

Las ideas de Neville también han inspirado a pensadores y autores espirituales contemporáneos, entre ellos Carlos Castaneda y Joseph Murphy, quienes desarrollaron temas similares en sus propias obras. Hoy en día, sus enseñanzas son ampliamente consideradas como atemporales y siguen atrayendo a un público cada vez mayor que busca aprovechar el potencial creativo de la mente.

Imaginatio Divina Editorial

Creemos que el poder de la creación reside en cada uno de nosotros. Inspirados por las profundas enseñanzas de Neville Goddard, promovemos la transformación de la vida a través del poder de la imaginación y la conciencia. Nuestra editorial se dedica a publicar obras que revelan la capacidad innata de los individuos para dar forma a su realidad a través del pensamiento consciente y la fe interior. Cada libro, cada palabra, tiene como objetivo guiar a los lectores hacia el descubrimiento de su naturaleza divina y su poder creativo, en línea con la filosofía de que "la imaginación es Dios en acción".